伊藤 聡

電車の窓に映った自分が死んだ父に見えた日、スキンケアはじめました。

平凡社

はじめに

この本を手に取っていただいた男性のみなさんは、普段スキンケアをされているでしょうか。普段、ひげを剃って肌が荒れたり、マスクのせいで皮膚がかさついたり、空気の乾燥で肌がうるおいを失ったりしたとき、何らかの対策をしている方は何割ほどいらっしゃるだろうか。めんどうだから何もしていない、という男性も多いと思います。このような本を書いた私自身、つい最近までスキンケアなどほとんどしていませんでした。肌の手入れなどしなくても、別に病気になるわけではないし、日常生活に支障はないからです。やるべきことは他にたくさんあるし、スキンケア製品を買うにはお金がかかる。現時点でとりあえず身体は問題なく動いているのだから、別にスキンケアなんかしなくていいや、と思うのはごく自然な感覚です。

でも、ひげを剃った後って、肌が結構ひりひりしますよね。それってどうしていますか。「ひげ剃りってそんなものだ」とあきらめて、そのまま放っておくでしょうか。

スキンケアを好きで毎日の習慣にしている人たちは、いったいどんな理由から、こまめに肌の手入れをしているか、イメージできそうですか。私は、自分と同じような「スキンケアに興味のない中年男性」に読んでいただきたくて、この本を作りました。

私は伊藤聡と申しまして、会社員をしながらライターとして文章を書いています。もっとも好きな分野は小説などの書評、もしくは映画評で、そうした記事をあちこちの媒体に書いています。ライターとしても、ひとりの中年男性としても、スキンケアとは無縁の人生でした。ところが、ある時期からスキンケアが好きになり、気がつけば他のことは何も考えられないほどに夢中になっていました。何の予備知識もないままスキンケアの世界に飛び込んだ私は、肌の手入れとはどうやるのかを調べ始め、いろいろな人と知り合って知識を伝授してもらい、思いもよらない発見をたくさんしました。決して大げさではなく、これはちょっとした冒険だったのです。

こうした話を男性にすると、「メンドくさい」「俺の肌がキレイになったところで、誰も喜ばない」という反応が返ってくることが多くあります。そうですよね。やったら何がどう変わるのか、どんなプラスがあるのかが見えにくいかもしれません。また

「スキンケアの何がいいのか、かんたんに説明してくれよ」と質問されるケースもあります。そう言いたい心情はよくわかるのですが、世の中には百四十文字では説明しきれないこともたくさんあるのです。スキンケアの旅に出た私が、どのような冒険を経て、どんな場所へ到達したのか、この本を通じてお伝えできればと思っています。

目次

3章　そして美容の深みへ……　139

1章

スキンケア、はじめてみようか

変わり果てた自分

これが現実だ

通勤電車に乗るのはひさしぶりだった。

自宅でひとりテレワークをしていた私は、誰とも顔を合わせない毎日の息苦しさに耐えかねていた。とにかく人と話したい。コミュニケーションを何より待ち望んでいた私にとって、テレワークの終了と会社出勤の再開は本当にありがたかったし、同僚のいるオフィスへ出かけるのが素直に嬉しかった。かつてはあれほど億劫《おっくう》だった毎朝の通勤電車すら、「これから働くぞ」というモードに切り替えてくれる、大切なルーティンのひとつだと学んだのだ。

考えてみれば、この十ヶ月、ずいぶんだらしない生活をしてしまった。ほとんど外へ出ず、家で横になってすごし、食生活も乱れた。もともと洋服はこまめに買う方だったが、ステイホーム期間が長引くうち、身なりを気にする習慣もなくなっていた。ひさしぶりに外へ出て働くようになり、少しは自分の見た目にも気を使わなくてはと頭ではわかっていたが、めんどうでやる気が起きない。増えてしまった体重のせいで、足取りも鈍いままだ。

仕事を終えたある日の、家へと帰る電車。混んだ車内で、私は立って手すりにつかまり、何となく外の風景を眺めていた。夕ごはんは何を食べようか。自宅近くの定食屋でアジフライ定食なんか頼みたいけれど、お店は八時で閉まってしまうから、間に合わないかもしれないな……。やがて車両が地上から地下へ入ったその瞬間、電車の窓に何かが映っているのを見た。

「死んだ父がいる」

驚きで足元がぐらついた。電車の窓に映ったのは、二十年以上前に死んだ父であった。あっ、お父さん。父は霊界から、何か重要なメッセージを届けに来たのだろうか。『シックス・センス』（一九九九）のハーレイ・ジョエル・オスメント君のように、私にも死んだ人が見えるようになったのか。アイシーデッドピープル。その能力いらない、と私は思った。普段のおこないが悪かったのか、親不孝がたたったのか、霊界の扉を開く何らかの必要条件がたまたま揃ってしまい、私は亡き父をふたたび現世へ召喚したのだろうか。

――いや違う。これは私だ。節制を欠いた十ヶ月のテレワークで変わり果てた、私自身の姿だ。怠惰な生活が長びいた結果、私は、生前の父のような、くたびれた容姿に変貌している自分を発見したのだった。コンビニや駅にある鏡、お店のショーウィンドウなどに映る、緊張感を欠いた自分の姿が、不意の一撃となって厳しい現実をつきつけてきた経験が、誰しも一度はあると思う。しかし、ここまでひどい状態になっていたとは知らなかった。

これは加齢と不摂生による変化なのだ。どうにかしなければ、と私は思った。このままでは父親と見分けがつかなくなってしまう。次に弟と会ったとき、「父がよみがえった」と思い込んだ弟が腰を抜かしたらどうしようか。それだけはどうしても避けたい。しかし、具体的にどうすればいいのかは見当がつかなかった。

これから何をすべきか

たしかに、我ながらこの十ヶ月はひどかった。人と話せないので気分転換ができない。外出もできず、食べるくらいしかストレス解消法がない。毎日、好きなものを気が済むまで食べていたが、いまになってみれば、自分を痛めつけるような食べ方だったと思う。今後は、大好きな「まるごとバナナ」も週に一度で止めておかなくてはならない。精神的にも、肉体的にも、自分を粗末に扱ってしまっていたと思う。この悪循環から脱却するために、これから何をすべきか。

スポーツジムはどうだろうか。過去には熱心に通って運動をしていた時期もある。もう一度ジムに入り直そう。まずはしっかり運動をして汗をかき、身体を絞る必要がある。筋トレもして、ジェイソン・ステイサムみたいなマッチョを目指すのもいい。はち切れそうな筋肉を包む漆黒のスーツ。いいじゃないか。根気のない私だが、頭のなかで立派な計画だけはできていった。

しかし同時に、運動だけでは解決できない問題があるはずだという思いもあった。私のくたびれた顔つき、うるおいに欠ける肌。ひげ剃り跡の青さが目立つあごまわりや、目のまわりのシワ。自分の身体をいたわっていない人物に特有の、「もうなるようになれ」という自暴自棄さ。そうした数多くのマイナス要素が、不健康でやつれた雰囲気をトータルで形づくっていた。一度そうした自分の容貌のまずさに気づいてしまうと、鏡を直視するのが苦痛になる。自分の姿を見たくない。自分がこのように貧相な見た目であることを認めたくないと思った。ほんの少しだけでいいから、変化できないだろうか。

ここは正直、お金の力を使ってでもどうにかしたい。他にどんな方法があるだろうかと考えてみた。ヨガをしたり、どんぐりを食べたりして健康と長寿を目指す、片岡鶴太郎の路線はどうかとも考えたが、私自身の目指す方向性とはやや異なる。となれば、化粧品やスキンケア製品だろうか……。もちろんそうした製品については何も知らないが、運動しつつ肌のお手入れをすれば、多少なりともよくなるのではないか。誰に相談すればいいか、どこから始めればいいか、何の手がかりもなかったが、このままの状態ではいたくなかった。

なぜ私はこのように、不健康そうな容貌になってしまったのか。そこには、自分の身体に対する無関心があった。放っておいてもどうにかなる、動きさえすればいい、という雑な扱いをしてしまっていた。

私は大事なものごとに集中できず、余計な方向に考えが逸れていく傾向がある。自分の身体や健康についてまじめに考えようとするのだが、頭に浮かんでくることといえば、破滅へ向かって一直線に突き進むカニエ・ウェストの問題行動や、同じアパートの一階に住む赤ちゃんの成長度合いなどであった。そろそろ自分の身体についてまじめに考えるタイミングが来たと、そのとき思った。

これまでに私が身体の調子を整えるためにしたことといえば、スポーツジムでのトレーニングとサウナだけであった。どちらも、身体に負荷をかけてみずからを痛めつける要素がある。あえて苦しい状況に自分を追い込んで、たるんだ状態から脱却する「痛キモチイイ」行為とでも言おうか。私は、健康とは自分を痛めつけて鍛えることだと思い込んでいた。ジムに行っていたときは毎回、腕が上がらなくなるまでダンベルのトレーニングをして必死に鍛えた。サウナは時間を決めて入り、決めた時間まで耐えられなければ負けだ、と思っていた。サウナに勝ちも負けもないのだが、私はどこかで、身体とは活を入れて締め上げなくてはならないものだと信じ込んでいたのだ。しかし、ジムやサウナはあまり長続きしなかった。一度気持ちが切れてしまうと億劫になりがちで、やる気を維持するのが難しい。

結果的に私の健康法とは、トレーニングやサウナで身体をとことん痛めつけるか、めんどうになって何もせずに放っておくかのいずれかであって、それ以外の方法を知らなかった。なぜその極端な二択しか思いつかなかったのか、いまさらながら不思議に思う。私のように怠惰な人間は、自分の身体を適度に甘やかしつつ健康な状態へ持っていく、第三の道を見つけなくてはならない。スポーツジムもいいが、いままでの活入れ方式ではすぐに限界がきてしまうと私は感じていた。

父の亡霊のようになった自分を見た衝撃で頭がくらくらしながら、私は「家の最寄り駅を降りてすぐの場所にある、ドラッグストアへ寄ってから帰ろう。いまの私に必要な何かが売っているかもしれない」と思った。

ドラッグストアを探検だ

肌について話し合ったことがない

容姿を変える方法として、これまでに多少なりとも経験があり、最初に思いついたのはスキンケアだった。サプリメントも考えられるが、時間がかかりそうな気がした。ドラッグストアなら、スキンケア製品がたくさんあるだろう。これから肌の手入れをがんばり、そこに定期的なジム通いをつけくわえれば……。きっといける。半年後の新しい私が見えた気がした。

私が普段おこなっている肌のケアは、非常に簡素なものだった。私は一日に一度、ひげ剃り後に無印良品で買った化粧水をつけていたが、それはスキンケアというよりは、カミソリ負けした肌のひりつきを抑えるための処置だった。女性にはなかなか伝わりにくいが、毎日ひげを剃るというのは肌にとってかなりの負担なのだ。ひげを剃った後の肌は、赤らんでひりひりと痛い。いわば毎日、顔にかんなをかけ続けているようなものだ。他の男性は、あの痛みをどうしているのだろうか。平気だという人もいるが、私には苦痛でしかたなかった。

これまで私は、男性同士でお互いの肌の状態について話し合ったことがなかった。これも考えてみれば奇妙な話だ。ひげ剃りはこれほど日常的な行為なのに、肌のメンテナンスについて男性同士で語り合うのはどこか不適切で、話題としてふさわしくないように思えてくるのだ。そのため「吉野家と松屋のどちらが好きか」については熱く語れても、肌をすこやかに保つ方法について語った経験はまったくなかった。

ひげ剃り後に使用する、男性用アフターシェーブローションと呼ばれる製品もあり、使っていた時期もあったが、つけるとスースーするものが多く、肌を落ち着かせるという目的からすればいまひとつだった。むしろ肌を刺激してしまうような感覚がある。しかし実際には、洗顔料、シャンプー、ボディソープなど、男性が使う製品の多くにはスースー成分が含まれている。目的はわからない。男性はことあるごとにスースーさせられているのだが、何か理由があるのだろうか。アフターシェーブローションと比較しても、スースーがないぶん、化粧水の方がひりつきを緩和できる感覚があった。しばらくして、乳液の方がより痛みを抑えてくれると気づいてからは、乳液だけをつけたりもしていた。私にとって、化粧水や乳液はどちらかといえば痛み止めに近いものだった。

スキンケアをしてみようか。そう考えると少し照れくさかったが、楽しみな気持ちも同じくらいあった。私は以前から、女性用の化粧品や身の回り品に対して、淡い憧れのようなものを抱いていたと思う。デパートの一階にあるきらびやかな化粧品売り場はステキだなと思っていたし、女性がかばんのなかに入れて持ち歩く小さなポーチが好きだった。ポーチのなかに入っている色とりどりのメイク道具を見せてもらったとき、自分からは遠い世界のように思えてまぶしかった。あんなポーチがいつも手元にある人生は、どんな感じなんだろうか。ハンドクリームをこまめに取り出してさっと手に塗る習慣もいいし、雨の日に履くかわいいデザインの長靴も真似したいと思っていた。

映画を見ていて目を惹かれるのも、女性の衣装が多かった。『００７』や『ミッション・インポッシブル』の主人公が着るスーツや革靴は渋くて好きだったが、スクリーンに映えるのは、断然きらびやかな女性の衣装だ。どうしてこんな色を着れるのだろうか、と不思議になるようなカラフルな服装を、ごく自然に着こなしているのも目に楽しい。

私はそのような美しさと無縁の人生をすごしていた。

ポーチの代わりに私のかばんに入っているのは、いま読んでいる本と、読み終わったとき用の次の本、急に気が変わって違うジャンルが読みたくなったときの予備本の三冊だった。なんで三冊も持ち歩いてるんだと思われるだろうが、手元に本が三冊ないと外へ出たくないという種類の病気なのだ。私はコスメポーチの代わりに大量の本を運搬している人間であった。かばんが重い。小ぶりなポーチやカラフルな服は自分とはあまりにも縁のない世界に思えて、買うという選択肢が思いつかなかった。

さて、容姿に変化をもたらすにはどうすればいいものか。ひげ剃り後の化粧水、という現在のケアをより発展させる必要があるはずだ。ドラッグストアへ行けばきっと何かが見つかる。普段、ドラッグストアで買っているものは多い。目薬、頭痛薬、歯磨き粉や歯ブラシ、ゴミ袋、洗剤、消臭剤、トイレットペーパーやティッシュペーパー。生活必需品を調達するため、週に一度くらいは寄っている気がする。しかし、コスメ・スキンケア用品が並ぶエリアにだけは足を踏み入れたことがなかった。これまでの自分には無関係な場所だった。

店によっては二階で販売されている、肌のお手入れに関する製品をじっくり眺める機会などもちろんない。頻繁に訪れている店でも、見たことのない棚、何が置いてあるのか知らないコーナーがあるものだとあらためて思う。身近だと思っていた場所にも、実はよく知らない領域、注意を向けていない部分がある。店に入り、きっとあのあたりだと移動してみると、コスメ・スキンケア用品の売り場が見えてきた。棚を眺めている女性が複数いる。他の商品が置いてある場所より、ぐっと明るく華やいで感じられる。

恥ずかしい。

ほとんど反射的に足が止まる。あのエリアに行っていいものか、という逡巡《しゅんじゅん》が生じた。この恥ずかしさは何なのか。誰かに笑われたり、注意されたりしたときに感じる種類の恥ずかしさが一気にこみ上げてくる。商品を探す勇気が出ず、店内を意味もなくウロウロしてしまう。これでは不審者だ。なぜ恥ずかしく感じるのか、自分でもよくわからない。いま使っている化粧水や乳液は無印良品の製品だが、考えてみれば、無印良品の店舗は男性でも入りやすく、買いやすい雰囲気があったし、容器のデザインもシンプルそのもので、さほど恥ずかしさを感じずに探すことができた。これまで私が無印良品を使っていたのも、その障壁の低さゆえだったのではないか。一方、ドラッグストアのスキンケアコーナーはとても華やかで、邪悪なものの侵入を排除する結界のように中年男性の侵入を拒んでいた。少なくとも、私にはそう見えた。

しかし、ここであきらめてはいけない。私は変わると決めたのだ。他の女性客が離れたのを見て、私はそっと無人のコスメ・スキンケア売り場へ移動した。ひとまずどのような商品があるのか、雰囲気をつかんだ上で、よさそうなモノを買ってみよう。肌を手入れする製品を買うのに、これほど決心がいるとは思わなかった。

どういう並べ方？

カオスの真っ只中へ

初めて訪れたスキンケア製品売り場は、予想よりもわかりにくかった。どれが何の製品なのか、まったく見当がつかない。当初私は、売り場は「化粧水コーナー」「乳液コーナー」といった分類がされており、各社の化粧水、乳液がまとめてひとつの場所に並んでいるものだと思っていた。比較して買うなら、製品ジャンルごとに分けるのがもっともシンプルだ。しかし、いま見ている棚はあきらかにそのようには並んでいない。これはどういう並べ方なのか。何だか雰囲気で適当に置いたようにも見える。

たとえばCDショップでビートルズを探すなら、ロック・ポップスのコーナーへ行ってBの棚を見る。これは非常にわかりやすい。しかし、ドラッグストアに化粧水のコーナーはないし、メーカー名の順に並んでもいない。私は「化粧水のコーナーでＳの棚を探せば、資生堂の化粧水が買える」と思っていたが、そうではないのだ。私が過去に、レコード店、ＣＤショップで培ってきたＤＩＧのテクニックがここでは通用しない。これまでの知識では太刀打ちできない場所に来てしまったと思った。

しばらく観察し、どうやら製品はメーカー別に置いてあるようだと気がついた。ロート製薬、花王、常盤薬品、富士フイルム（知らなかったが、富士フイルムはスキンケア製品も出しているのだ）。各メーカーの製品が、ひとつの場所にすべてまとめて置かれている。店舗におけるコスメ・スキンケア製品の並べ方は、あくまでメーカーが主体となっているのだ。なるほどそうか。これは意外だった。少し考えてみて、これは書店の文庫棚や新書棚の分類法に近いと気がついた。岩波文庫、新潮文庫、講談社文庫。自分で本を買い始めた中学時代、書店では文庫本だけが著者名順ではなく出版社別に並べられるシステムに戸惑った記憶があるが（同じ著者が複数の出版社にまたがって文庫を出している場合、それぞれの棚を探さなくてはならない）、スキンケア製品は何らかの理由で、分類に文庫本システムを採用しているのだ。

また、本が好きであれば、古典なら岩波文庫、ＳＦであればハヤカワ文庫など、出版社ごとの得意分野を把握しているものだ。その考え方でいくなら、スキンケア用品を使う人もきっと、化粧品メーカーごとの特徴をつかんでいるに違いない。まずはそこから勉強を始めなければ、スキンケアは攻略できないだろう。こいつは相当手強いぞ、と私は棚の前で不安になった。

置いてある商品も種類が豊富だ。聞いたことのないような名前の製品もたくさんある。洗顔料、保湿クリーム、導入液（何を導入したいのか）、ビタミンしみ予防液、美白セラム（セラムって何だ）、フェイスシート、オールインワンジェル（意味がわからないが、これひとつで済むと謳っている）。日本製だけではなく、ヨーロッパや韓国の製品もある。違いは何だろうか？　また値段の根拠もよくわからない。八百円の化粧水と、五千円の化粧水を比較しながら、この差をどう理解すればいいのか困惑する。

さすがに五千円は出せないが、もし八百円の化粧水に気休め程度の効果しかないとしたら、買う意味がないような気がする。いったい何がどうなると、同じ化粧水の価格が六倍以上にはね上がるのか。安価な製品を買っても、損するだけではないか。高すぎるのも困るが、安すぎるのも逆に疑わしい。価格の差が何を意味しているのかがまったく読み取れない。ここまでいろいろな製品がいっぺんに並んでいると、ここから何かをひとつ選ぶなどというのは無理だとしか思えなかった。それぞれにどんな効果があるのか。どう使い分けるのか。全部つけたら効果が倍増するのか。こんなにたくさんの製品をいっぺんに顔につけたら、肌の上で混ざってしまって意味がなくなるのではないか？　スキンケア製品を買う人は、どれを買えばいいのかどのように判断しているのか。あらゆる疑問が一気に噴出して、どれかひとつを選ぶどころの話ではなくなってしまう。

棚の前に立っているだけで疑問は止まらなかった。「薬用」という名前の商品が多いのはなぜか。これらは薬なのか？　ヒアルロン酸、ナイアシンアミド、レチノールなどの名前がやたらに強調されているのも不可解だ。たぶんなかに入ってる成分の名称なのだろうが、購入する人はこれらの説明を理解して買っているのか。そういえば、洗剤で「酵素パワーのトップ」という広告があるが、私はいまだに酵素がどんなパワーを持つのか知らないままだ。コマーシャルであれほど元気に歌っているのだから、きっとすごい威力なんだろう。と、やや勢いまかせに説得されている状態だ。スキンケア製品の宣伝も似たようなものなのだろうか。

どれがいい製品なのか、自分に合った効能があるのか、まるで判断がつかない。ここは無理せず、一度帰って調べよう。何の知識もないままでは混乱するばかりだ。まさか何も買えずにドラッグストアを後にするとは思わなかった。

ひとり反省会

ドラッグストアのスキンケア用品売り場が、あれほど混沌としているとは思わなかった。そういえば以前に私は、注文のしかたがすごく複雑なことで知られるラーメン屋さんに入ろうとするも勇気が出ず、店の前で引き返してしまった経験があったが、そのときの敗北感にも少し似ていた。ラーメンを食べるのがあんなに怖いとは思わなかった。しかもどのスキンケア製品も似たように見えてしまい、選び方がわからない。これが自分の好きなジャンルであれば、さほど予備知識がなくとも、直感的に「こっちかな？」と判断がつくものだが、スキンケア製品ではそうしたひらめきがやってこないのだ。

美容ライターの長田杏奈は、著書『美容は自尊心の筋トレ』(ele-king books)で「母が美容部員という生育環境と、職業柄たくさんの化粧品を試していて、なんだかんだ言ってもコスメに関しては勘が働く」と書いている。たしかに「勘が働く」という状態は強みだ。時間をかけてひとつの分野を見聞きし、実際に手に触れて経験し、知識が蓄積されていくうちに、脳の処理速度が圧倒的に速くなった状態が「勘が働く」の正体ではないか。聞くところによると古本のマニアは、古書店に入った瞬間に本棚のある部分がやけに光って見えて、「あれは何だろう」と光を目指して進んでいくと、長年探していた稀覯本を発見してしまうといった特殊能力を得るのだそうだ。コスメ愛好家の方々も、商品パッケージを見た瞬間に「これは間違いない!」と確信する、といった眼力を持つのだろうか。

戦利品ゼロで帰宅した私は、部屋に座ってひとり今日のできごとを反省していた。問題点はふたつあった。

一、商品知識がなく、選べない
二、恥ずかしくて、三分以上売り場にいるとつらくなってくる

一については勉強でどうにかなるはずだ。問題は二であった。なぜこれほどに恥ずかしいのか。心の動揺の正体を知りたいと思った。スキンケア製品を買う、と考えただけで、頬がかっと熱くなるような感覚がある。他の男性にも訊いたことがあるが、「商品売り場に足を運びにくい」「買うのに抵抗がある」といった意見は多い。容姿を改善したいという気持ちは確実にあり、そのためには美容が必要なことはわかっている。とはいえ、ドラッグストアへ行って三分で心が限界に達してしまう状態では前に進めない。ここで美容をあきらめるわけにはいかないのだが、まずはこみ上げてくる恥ずかしさを克服しなければ長続きしないような気がした。

自分の殻を破るのだ

恥ずかしさを克服しなければ

ドラッグストアで感じた恥ずかしさ。なぜ私はスキンケアをする自分に抵抗感があるのか。思ったことは何でもノートに書き出すライター特有の習性から、いまの心理状態についてメモを作り始めた。こんな気持ちで何かをしても、きっと途中で嫌になってしまう。

・容姿を気にしている

「男たるもの、容姿など気にせず放っておく」というのが正しい態度ではないのか。
鏡をのぞき込んで、肌の状態など心配している様子がみっともない。どうしてもそう感じてしまう自分がいる。「男は中身で勝負」といった大ざっぱな人生訓を、私は根拠なく信じ込んでいた。「美容などする男は、自己愛の過剰なばか者だ」。「男なら、他にやることがたくさんあるではないか」。こうした古い考えが意識の奥に刷り込まれていて、わかってはいても身動きが取れなくなってしまう。

・化学物質の力を借りて加齢に抗おうとしている

往生際が悪い。姑息な手段を使って容姿を改善させようとしている。周囲の男性はきっと、そんな風に私を批判するだろうと思った。「男は自然がいちばん」といった言い回しもよく聞く。仮にスキンケアの効果が出たとしても「あの人、毎日スキンケアをしているらしいですよ」「どうりで肌が不自然なほどつやつやなわけだ」「きっと見た目を気にする人なんですね」などとうわさされてしまうのではないかと想像すると不安でならない。顔にぬるぬるとした液をつけて肌を保護するという行為じたいが、「男らしさ」の対極にあるように思えた。

・「見られる側」になろうとしている

男女の関係性において、男はあくまで「見る側」であると、多くの男性が思い込んでいる。女性の容姿を好き勝手に品評する傾向がなくならないのは、きっとそのためだろう。男はつねに見る側に立つのであり、女性という対象を観客席から無責任に眺めるような誤った意識を持ってしまいがちだ。逆にいえば、自分が見られることがうまく想像できない部分がある。美容に手を出すのは、男のくせに見られることを意識している点で、男社会におけるルール違反であるような気がした。「オマエは見られようとしているのか」と、周囲の男性に非難されてしまうのではないか、という恐怖感が生じる。

もちろん、男性が楽しむファッションや身だしなみはある。レアなスニーカーを集めるのは問題がないし、ヴィンテージのジーンズを探して穿くのは「いい趣味をしている」と感心されるはずだ。ジェルやムースで髪を整えたとしても咎められないし、ひげを伸ばしてワイルドさを強調するのもいいだろう。何を入れるのかよくわからないポケットがたくさんついたカーゴパンツや、極寒の雪山にだって登れそうなダウンジャケットも歓迎される（私の持っているダウンの防寒能力は「九〇〇フィルパワー」だそうだ。多くの男性はこうした数字を好む。何だか強そうだし、「俺のダウンは九五〇だ」と張り合うのにも便利だ）。ただし、男性の身だしなみには暗黙のルールがあり、それは暗黙のわりには厳格で、決められた範囲からはみ出してしまった場合、多くの男性はきっと私を許してくれないような気がした。

そもそも私はどう変化したいのか。容姿を改善するためのプランを練ってはいたものの、なりたい自分のイメージが固まっていない。私がぼんやりと考えていたのは「全体的にしゅっとしたい」「いきいきとした見た目になりたい」などの抽象的な雰囲気ばかりで、これでは対策の立てようがない。顔のどの部分に満足しておらず、どう変えたいのか。スキンケア製品を探すのもいいが、まずは現状の認識からだ。そもそも私は、自分の顔をしっかりと観察していなかった。よく考えてみれば「自分の顔を、隅から隅まで集中して見る」という行為を、まともにしたことがない。家に姿見はあるものの、遠くからざっと見ているだけだ。私は手鏡を自分の顔に近づけ、いま現在の顔がどうなっているのかを至近距離から確認してみた。

反射的に「ひいっ」と声が出た。

鏡を顔面ぎりぎりまで近づけたときに見えたのは、私が何となくイメージしていた自分自身の顔とは似ても似つかない、くたびれ果てた中年男性であった。私の顔、こんなことになっていたのか。こんなに身近なものをきちんと見ずに生きていたとは……。現実って厳しい、と私は思った。こんな顔で外出し、いろいろな人と会っていたのかと思うと冷や汗が出る。なぜいままで、この異変に気づかなかったのだろう。思わず出てしまった小さな悲鳴。自分の顔すらまともに見ることなく、現実から目を逸らし続けた結果である。きっと、借金をしすぎて自分の借りている額を把握できていなかった人物が、ある日勇気を出して自分の借入額を計算し、総額を知った瞬間に出る声は、こんな感じではないかと思った。

自分の真の姿を知ってしまった私は、衝撃でしばらく身動きが取れずにいた。「私、こんなでしたっけか?」と、誰もいない部屋でひとりごとを言ってしまう。自分がイメージしていた顔と、実際の顔とは、これほどまでに違うものなのか。やはり人は自分が見たいものだけを都合のいいように見てしまうものだと、あらためて痛感した。ここからの巻き返しは可能なのか。私の顔面は肌トラブルの複合型テーマパークといった様相を呈しており、手の施しようがないように見えた。どこから治していけばいいのか？　私はふたたびノートを取り出し、現在抱える問題点を列記していった。

鼻を中心に黒々と目立つ毛穴
頬、鼻などの赤らんだ皮膚
目の下の不健康そうなたるみ
目尻、ひたいに刻まれたシワ
深く力強いほうれい線
目のまわり、まぶた、ひたいに散在するシミ
ひげ剃りによる、あご周辺の肌荒れ

この調子で、リストはどこまでも続いていきそうだった。なかでも、目のまわりやひたいのシミが気になってしかたがない。これをどうにかできないものか。自分の顔にこれほどシミがあるなんて、ほんの三十分前まで知らなかった。私はその衝撃を受け止めきれずにいた。

どんな製品を使えばいいですか？

身近な人に訊いてみよう

ひとまず誰かにスキンケアの相談をしてみたい。そう考えた私は、友人である佐々木さんに話題を振ってみた。佐々木さんはヤクルトスワローズを応援する野球ファンで、いま二十代半ば、元気いっぱいの女性だ。中年男性がいきなりスキンケアの質問などしていいものかよくわからなかったが、訊いてみるとごく普通に教えてくれた。

「ちょっと、スキンケアのこと教えてほしいんですけども。佐々木さん、普段どんなスキンケア用品を使ってますか」

「スキンケアですか。えーっとですね、基本は安いやつです。たまにちょっといいものを買うくらいで。そんなに詳しくはないです」

「どういう製品を使ってます？」

「好きなのはdプロの化粧水ですかね～。資生堂は間違いないんで」

もちろん初めて聞く商品名だ。スマホに「ディープロ」と入れて検索してみる。資生堂の「dプログラム」という商品だった。敏感肌向けと説明があるが、私は自分が敏感肌かどうかすら知らない。化粧水が約四千円。高い。一度買って、どのくらい持つのだろうか。毎月買い足すとなると、四千円はそう気軽に出せる値段ではない。ホームページには「ゆらぎがちな肌に」と書いてあるが、いまひとつぴんとこなかった。肌がゆらぐって何だろうか。

「ちょっと高いんですけど、dプロはオススメです。やっぱり値段がするのっていいモノが多いんですよね」と佐々木さんは言った。

「なるほど。値段が高いのってそれなりに理由があるんですね。スキンケア、何から始めればいいのかわからなくて」

「最初は手がたく保湿じゃないですか。まずは化粧水と乳液をつけて、乾燥を防ぐっていう、そこは外せないですね」

「保湿からスタートですね。それとあの、シミってどうやったら取れるんですか」と私は切り出した。昨晩の衝撃から、私はまだ立ち直っていなかったのだ。

「シミですか……。私、あんまり気にしたことないから詳しくはないんですけど、よく名前を聞くのはメラノＣＣっていう美容液ですかね。どこでも売ってるから手に入りやすいですし、値段もそんなに高くなかったと思いますよ」

私は「メラノシーシー」とメモ帳に記録した。

「伊藤さん、スキンケア興味あるんですか」と佐々木さんは言った。

「興味あるッス」と私は答えた。ちょっと恥ずかしかったが、私は意欲に満ちていた。

「ちょっと、やってみようかと思って」


生まれて初めて誰かとスキンケアの雑談をしたのだが、佐々木さんが自然に答えてくれて安心したのだった。資生堂が好き、というのもいい情報だった。迷ったらメーカーで選ぶのもひとつの方法かもしれない。「商品を選ぶ基準がわからない」という話をしたら、佐々木さんもそこまで詳しくはなく、インスタで見かけた製品を試して失敗することもよくあるそうだ。使ってみないとわからないので「ぶつかり稽古の気分で買っている」らしい。

なるほどそうかと思った。私は、特に根拠もなく「女性はみなスキンケアについてよく知っているものだ」と思い込んでいたが、そんなわけはなく、人によって差があるのだった。どれを買っていいのか判断がつかないのも一緒だった。そう考えると少し気が楽になった。また、スキンケアについて人に話すことで、恥ずかしさが減少したようにも感じた。いまならドラッグストアの化粧品売り場にだって行けるのではないか。小さなことかもしれないが、雑談って大事だなと私はあらためて感じた。

佐々木さんからスキンケアについて教えてもらって、最初にやるべきことが見えてきた。私は容姿の改善を焦るあまり、シミだけをどうにかしようと考えてしまっていた。まずは基礎として化粧水で保湿し、乳液でうるおいを持続させる。これを習慣化した上で、さらに美容液を使ってシミ対策していく。スキンケアの道筋ができたような気がした。ひとまず、化粧水、乳液を入手した上で、メラノCC（美容液）を使ってみるのはどうか。ネットを検索して化粧水を調べていくうち、評判のいい化粧水も見つかった。どうやら保湿と美白効果が一緒になっているらしいのだ。効くなら何でもやってやろうという気になっていた。教えてもらったdプログラムも考えたが、自分の肌が「ゆらぎがち」かどうかわからなかったため断念。

生まれて初めて美白にトライすることになった私は、期待のあまり「効きすぎちゃったらどうしよう」と本気で心配していた。あまりにも効果が出すぎて、シミひとつない、生まれたての赤ちゃんみたいな肌になったら、同一人物として扱ってもらえないのではないか。「どちら様ですか?」なんて声をかけられたりして。そんなことを空想しているうち、私はいままで経験したことのないような変化の前段階にいると感じられ、胸の高鳴りを覚えたのだった。

翌朝のとてつもない変化

ドラッグストアで目当ての化粧水と乳液、美容液を手に入れた私は、これらがもたらすはずの劇的な効果を想像しながら、足早に帰宅した。買うべき製品があらかじめ決まっており、心の準備も整っていたため、前回の混乱とは打って変わってスムーズに買うことができた。

帰宅後、買ったばかりの商品をさっそく開けて製品を眺める。期待で心が弾んでいるのを感じる。きっとすごく効くはずだ。高校の頃、輸入盤屋で買ってきたＣＤを早く聴きたくて、急いで帰って袋を開けたときの感覚を思い出した。容器に書かれた説明を読む。アスコルビン酸、ビタミンC誘導体、グリチルリチン酸ジカリウム。何が言いたいのかはあいかわらずわからないが、おそらく「効きますよ」とアピールしたいのだろう。

風呂上がりに化粧水をつけ、乳液をつけ、美容液を塗ってみた。どれをどの順番でつけるといったルールはあるのだろうか。よくわからないので順番は考えず適当に使ってみる。化粧水は少しだけ甘い香りがして、洗顔でつっぱった肌が落ち着く感覚があった。その後に乳液を手に取って、顔全体に広げる。あごのまわりなど、ひげ剃りで肌が荒れやすい場所に塗ると、化粧水とのコンビネーションが功を奏したのか、顔全体を保護してくれる優しいバリアが張られたような気がした。化粧水と乳液は、どちらか一方より、両方使った方が効果が増すようである。

佐々木さんに教えてもらったメラノCCは、チューブに入ったセメダインみたいな液で、小学校の頃に作ったガンダムのプラモデルを連想させた。顔につけると、ほんのりレモンの香りがする。これをシミの部分に塗っていったが、途中で「もしかしたら他の部分にも効くかもしれない」と思い始め、最終的には顔全体に夢中で塗りたくった。顔に栄養が沁み込んでいくような感覚がある。日照りで農作物の取れない土地にようやく降った、恵みの雨のようだった。

たくさんのスキンケア製品の重ね塗りでテカテカした顔で布団に入り、眠った翌朝。いつものように起きて無意識に顔を洗った私は、自分の肌がもちもちと柔らかく、ふっくらとした感触になっていることに驚いた。これはいったい何だ。肌がこんな状態になった経験がない。自分の頰とは思えなくて、つい何度も触ってしまう。かつて恋人の頰に触れたとき、なんでこんなに柔らかいんだろうと不思議に思ったものだが、その理由はきっと「日常的に手入れしていたから」であり、自分の頰だってケアをすれば同じようになるのかもしれない。私は、女性の頰は自動的に柔らかくなるものだと考えていた。

自分の肌がこんな風に変化するものなのか？　あまりにも明確な変化が初日から起こってしまい、興奮状態で鏡を見た。昨日と変わらない自分が映ったが、私はその向こう側に明るい未来の可能性を見ていた。これを続けていったら、私はきっと変わる。映画『ベンジャミン・バトン 数奇な人生』（二〇〇八）のブラッド・ピットみたいにどんどん若返っていって、最後は赤ちゃんになってしまうかもしれないと思った。もっとスキンケアのことを知ろう、私はそう決意したのだった。

化粧水、乳液、美容液

身体をいたわる時間

百円ショップで買ってきたプラスチックの小さなかごに、手持ちのスキンケア製品をまとめた。化粧水、乳液、美容液。まだ数は少ないが、どれも私の肌をいたわってくれる心強いアイテムばかりだ。よし、これから私はキレイになろう。輝かしいスキンケア生活の始まりである。「これは小さな一歩だが……」と、私はニール・アームストロング船長になりきって言った。

「中年男性にとっては偉大な飛躍である」

風呂上がりに肌の手入れをする毎日のルーティンができると、何もせずに寝てしまうのはもったいないと思うようになった。香川県へ行って、うどんを食べずに帰るような心残りがある。洗顔後に化粧水をつけ、乳液を塗っていると、こわばった肌がほぐれていくのが実感できるようになった。やらなければという義務感ではなく、風呂を出るとすぐに、ほとんど無意識で化粧水の入ったボトルを手に取っている自分に気づき、習慣になるような気がした。サプリや薬はたまに飲み忘れてしまうが、スキンケアではそれが起こらない。

見た目がキレイになる、という結果も欲しいが、一日のなかに「いい匂いのするクリームや液を顔に塗りながら、音楽を聴いたり配信ドラマを見たりする」という余裕のある時間が生まれたことがよかったのかもしれない。自分の身体を手入れする時間を意識的に作った経験が、これまでになかったのである。容姿の改善のためにめんどうな作業をがまんするのではなく、日々のスキンケアの過程それじたいの心地よさを感じられるのがいいと思った。マラソン選手が給水所でドリンクを受け取るような「補給」のよろこびがあった。

私は「有意義に時間を使いたい」という欲求が強く、風呂上がりに猛然とブログを書いたり、五分で食事を済ませて読みかけの本に戻ったりといった、せわしない時間の使い方をしてしまう傾向がある。文化系の悪いクセである。今月は本を何冊読んだだとか、何本の映画を見たかといった数値を気にしてしまう一方、身体の調子がどうかなど考えたためしもない。生きていく上でのバランスが悪いと自分でもわかってはいるが、これればかりは文化系の習性としか呼びようのないものだった。

そんな性格だから、ドストエフスキー作品の人物像についてはいくらでも語れるのに、「冬場の乾燥した空気が原因で背中がかゆい」という差し迫った問題からは目を背けてしまう。身体の不調をまともに受け止めていないのである。薬局に行けばかゆみ止めのクリームは売っているのだが、だらしない私は何の対策もせず、ただ背中をぽりぽりかきながら「ドミートリーの人間描写ってのはさ、ドストエフスキー文学の極みだと思うわけよ」などと知ったような口をきいているのだった。文学論もいいが、まずは背中の皮膚について考えるべきだった。スキンケアを始めた私は、そうした悪癖から脱却し、肌のお手入れを通じてみずからの調子を観察するようになっていた。

スキンケアの基本三ジャンル

化粧水、乳液、美容液にはそれぞれどのような効果があるか。当初はそれすらもよくわからずに使い始めたが、実際に製品を買って試してみた結果、おぼろげながらイメージが見えてきた。いまは、スキンケアとは何かの全体像に少しずつ近づこうと努力している段階だ。各アイテムについては、以下のようなことが判明してきている。初心者の理解ではあるが、私の調査結果をご覧いただきたい。

化粧水

ネーミングがわかりにくいが、保湿用の液体である。なぜ「化粧水」という名称で呼ばれるのかは不明。スキンケアをよく知らない男性だと「俺は化粧をしないから、化粧水はいらない」と考えている場合があるが、化粧（メイク）と化粧水にはほぼ関係がないので、その点は気にせずに使ってよい。スキンケアでは肌の乾燥を防ぐことが最優先事項となるため、まず化粧水をつける必要があるのだ。製品によっては、保湿と合わせて肌荒れやシミなどを防ぐ効果も兼ねている。もっとも基本的なアイテムで、数多くの製品が販売されている。最初は安価な製品から始めても、まったく問題ない気がしている。安価でもかなり効いている感覚があるためだ。

使い方としては、まず洗顔をし、タオルで水分を拭き取った後に化粧水を顔全体につけてから、手のひらでなじませる。洗顔せずにいきなり化粧水をつけるのは止めた方がいい。洗顔で汚れを落とし、肌に化粧水が入りやすい状態を作ることが大切なようだ。化粧水をつけるときには、顔全体にうるおいが行き渡るよう、多めの量を使った方がよいと思う。また、あまり肌にこすりつけない方がいいらしい。私は効果を求めようとするあまり、力加減が強くなったり、最後のシメに頬をパーンと叩いたりしてしまったが、調べてみると「優しくそっとつけた方がいい」という情報が多い。顔面にこすりつけて浸透させようと、ついゴシゴシしがちなので、注意が必要だ。

男性であれば、ひげ剃り後に使って、肌のひりつきを抑えることもできる。ひげ剃り後の化粧水は効果絶大で、個人的にもそのよさを実感している。製品によっては「しっとり」と「さっぱり」の二種類から選べる場合があるが、これは主に脂分が含まれているかどうかの違いらしい。よくわからない場合は、そこまで深く考えずに直感で選んでもいいと思う。使い勝手がよく肌になじみやすい、という点では「さっぱり」がオススメだ。

乳液

肌に脂分を補う、水とクリームの中間ぐらいの感触を持つ製品が乳液である。肌の水分を保つためには一定の脂分が必要で、「肌の乾燥を防ぐ」という観点からも脂分の補給は必要になる。乳液には、うるおいの持続力を上げる効果があるのだ。私は鼻のまわりのテカリが目立つ肌質であるため、脂分の多い乳液をつけるのには抵抗があったのだが、むしろ脂性肌であるほど乳液をつけた方がいいと気がついた。皮脂の分泌は、肌が乾燥しているときに肌が起こす反応らしい。あらかじめ一定の脂分を肌に補給しておいた方が、不要な皮脂の分泌を避けられるのである。男性でも、オイリー肌を気にしている人は多いと思うので、乳液をつけて脂分を補い、テカテカした肌にならないよう工夫するとよい。

問題は感触。どうにもぬるぬるしていて、肌触りがいまひとつだと感じる方も多いと思う。男性は「ベタつく」感触に拒否反応を示すことが多い。個人的には、乳液は濃いめの方が心地よいため気にならないが、苦手な方はよりさらっとした感触のものを探してみてほしい。「エマルジョン」と名のつく製品もあるが、これは乳液を英語にしたものなので、意味は同じだ。乳液のいい部分は、ひげ剃り後の痛みを和らげる効果が、化粧水以上にある点だ。ひげ剃りでひりついた皮膚を落ち着かせたい、という目的だけなら、洗顔後にいきなり乳液だけをつけるという選択肢もある。とにかく何もつけないのがいちばんよくないので、自分が無理なくできる範囲でやってみてほしい。

中学の頃、技術の授業で木工制作をした際、表面にニスを塗って仕上げをした経験がある方は多いと思うが、原理はあれと同じだと考えてよい。木材の表面に樹脂の膜を作るか、肌に脂分の膜を作るかの違いだけである。顔にニスを塗るイメージで挑戦してみてほしい。

美容液

この語もややわかりにくい。液と言いつつ、液体以外のクリームやオイル、泡状のフォームなど、あらゆる形状の商品をまとめて「美容液」と呼んでいるためだ。美容のための液、という直球すぎるネーミングに混乱する方も多いかもしれない。化粧水、乳液を除いたスキンケア製品の多くが美容液であり、具体的な特徴や製品の形状を指した名前ではない。ざっくりと「その他のスキンケア製品」というイメージで考えてもいいと思う。英語では「セラム」と呼ばれており、たとえば「モイスチュアセラム」といったような名前がついた製品も美容液に含まれる。美容液は、化粧水をまず使ってから、その上で使用するという手順が一応の前提となっている。効果としては、保湿、美白効果、肌のハリを取り戻すもの、シワの改善、シミ予防、肌荒れ対策などがある。気になっている部分、「ここを改善したい」という具体的な肌トラブルがあれば、それに対応した美容液は必ず見つかるので、探してみてほしい。

個人的には、スキンケアをするなら美容液はぜひトライしてみてほしいジャンルだ。なにしろ楽しいからである。化粧水、乳液というのは、いちばん大事な「保湿」という基礎を固めるもので、大切ではあるのだがやや地味だ。野球部に入ったのにランニングや筋トレしかしていないような状態であり、たしかに基礎トレーニングは欠かせないものの、野球を始めたのならバッティングをしてみたいと思うのが人情である。美容液には、打席に立って思い切りバットを振っている感覚がある。カキンと快音を立ててボールが飛んでいく、そんな気持ちよさを味わえないとスキンケアは続かない。「肌を変化させたい」という気持ちに応えてくれるのが美容液で、このおもしろさを知らないままだと飽きてしまう可能性がある。スキンケアの娯楽性、エンターテインメントの部分を担う美容液をぜひ体験してほしいと思う。

スキンケアの基本三ジャンルについて、私がいまのところわかっている知識はこのくらいだ。使用する順番に関していえば、化粧水、美容液、乳液の順でつけていくのが一般的らしい。しかし、これらはスキンケアに関する本当に基礎的な知識にすぎない。まだ試したことのない製品は多く、お店では迷ってばかりいる。研究は始まったばかりなのだ。

2章

こんなに楽しい
世界があったのか！

スキンケア製品とギターエフェクターのビジネスモデルはほぼ同一

スキンケア製品を買う際、「製品が多すぎてどれを選べばいいのか見当がつかない状態」「さまざまな効能のある商品の組み合わせ」など、何の知識もない初心者にはかなり敷居が高い部分がある。私も当初はずいぶん悪戦苦闘しながら、少しずつ知識を増やしていったのだが、あるタイミングで「このわかりにくさ、何か覚えがある……」と気づいたのだった。これは、ギターのエフェクターを買うときの難しさと一緒だ。

エフェクター。楽器を触らない方には耳慣れない言葉だと思うが、ギター演奏にはなくてはならない機器である。小さな箱のような形をしており、サイズはスマホと同じくらい。このペダル状の機械とギターをケーブルでつなぎ、スイッチを足で踏むことでギターの音を変化させる効果をもたらす。スキンケア製品を買う際、エフェクターを揃える気持ちで買っていくと、理解がしやすい。なにしろスキンケアとは、顔にエフェクト（効果）をもたらす道具にほかならないのだ。

たとえば化粧水について考えてみよう。この種類の多さ、無数にあるメーカー、ピンキリの価格、謳われる各種効能。これを、ギター初心者がオーバードライブのペダルをひとつ買う難しさに置き換えればわかりやすくなる。とりあえずギターの音をギャギャーンと歪ませてみたいと思って楽器屋へ行った高校生が、大量のエフェクターからどう選べばいいのかなどわかるはずがない。同じことが化粧水にも言える。何はともあれ保湿重視か（とにかく歪ませたい）。皮脂の分泌を抑制したいのか（ノイズを抑えた低ゲインの歪み）。あるいは敏感肌向けの製品がいいのか（ピッキングの強弱が反映され、音が潰れない歪み）。コスメ初心者は、そもそも自分の肌質（どんな歪みが欲しいのか）をわかっていない。その状態で買いに行っても、望んだ製品にめぐり合う確率は低い。店頭のテスター（楽器店での試奏）で雰囲気を確かめることはできるが、家に帰って使ってみたらイメージと違った、という場合も多い。目的ごとの細分化がかなり進んでいて、一定の経験がなければ選べないほどハードルが高くなってしまっているのだ。

では、具体的に製品をどう選べばいいだろうか。この点も、スキンケア製品とエフェクターはよく似ている。王道の国産メーカー（資生堂／BOSS）で手がたくいくもよし、ダメ元のコスパ重視で試してみるもよし。びっくりするほど高い商品（デパコス／ブティック系）もあれば、有名人が使っている製品が売れる仕組み（田中みな実愛用／田渕ひさ子愛用）も同様だ。値段が高いからといって必ずしも自分に向いているとは限らず、最終的には使って試してみないとわからないのも似ている。しかし、何よりスキンケア製品とエフェクターが類似しているのは「順番と組み合わせに対する強いこだわり」ではないだろうか。スキンケアもエフェクターも順番にうるさい。適切な順番と、最適な製品との組み合わせこそが効能につながる、という強固なまでの信念があるのだ。この信念がさらなる浪費を生み、使い切れないほどの新製品を買い込む羽目になるのも同一だ。たとえば次ページの図を見てほしい。

驚きの秘密

これがスキンケアとギターエフェクターの共通点だ！

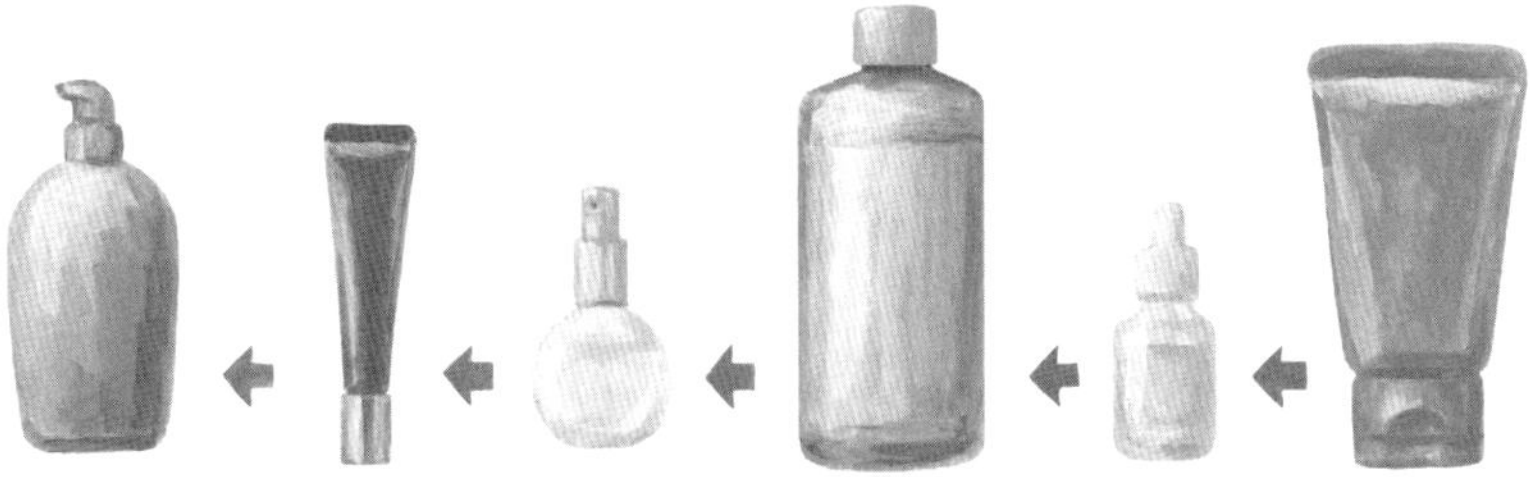

洗顔料
どんな汚れも一気に落とすぞ！

ブースター（導入液）
肌に化粧水を浸透させやすくする下準備

化粧水
肌にうるおいをもたらすのだ

美容液
シミ・シワだってなんのその

アイクリーム
レチノールクリーム
肌をよみがらせる秘密兵器だ

乳液
最後にキメるのはこれだ！

ここでブーストだ

肌もギターの音もどんどん変化していくのだ

ラストはここだ

チューナー
まずはチューニングからだ

ブースター
プリアンプ
ギターの信号を増幅してアンプへ届けてくれる

歪み系
一気に強そうな音になるぞ

モジュレーション系
ギターの音がツヤツヤにきらめく！

ピッチ系
飛び道具も入れてみよう

空間系
最後の音はこれでキマリ！

キミも最強の組み合わせを見つけよう！

個人差はあるが、前ページの図がスキンケアにおいて使用する製品の組み合わせと順番の一般的な例である。この順番こそが大事であり、それぞれのセクションにおいてどの製品を選ぶか、複数の製品をどのように組み合わせるかで、その人なりのスキンケアが完成する。この順番と組み合わせへのこだわりがスキンケアの醍醐味となるのだ。もちろん、美容液を省く人、乳液を先につけてしまう人などもいるはずだが、そうした方法論の確立も含めて、いかに自分なりの順番と組み合わせを作っていくかが重要なのである。そして、この図を見ただけで、ギター経験者はすべてを理解するはずである。

こちらも個人差は当然あるが、エフェクターの一般的なセッティングである（図参照）。エフェクターには「つなぎ順」があり、これを自分なりに決めていくことで音が理想に近づいていく。どのセクションでどういった特徴のあるエフェクターを使うかが個性になるのだ。両者を比較してみたい。スキンケアはまず洗顔料のチョイス（ギターであれば音程の調整）から始まる。顔を洗わずにいきなりスキンケアを始める人はいない（チューニングせずにギターを弾く人はいない）のであり、次にはスキンケア、ギター共にブースターがくる。導入液（プリアンプ）を最初に使用することで、肌にうるおいが届きやすくなる（ギターの信号がアンプに届きやすくなる）のだ。最初にブースターを入れるという発想が完全に同じで笑ったのだが、コスメもエフェクターも「どうにかブーストさせたい」「もっと効かせたい」という貪欲さが特徴なのだ。そして化粧水（歪み系）、美容液（モジュレーション系）、アイクリーム・レチノールクリーム（ピッチ系）、乳液（空間系）を順番に重ね、求める肌質（サウンド）へ近づけていく。

また、私がもっともグッときたのは「オールインワン」の発想である。旅先や移動中、朝の忙しい時間など、ほんらいのスキンケアができないとき、化粧水、乳液、美容液が全部入った「オールインワン」の製品を使用するのである。そしてエフェクターにも「オールインワン」は存在する。歪み系もモジュレーション系も空間系も、全部まとめて入っている「マルチエフェクター」と呼ばれる製品がそれだ。スタジオの練習に手持ちのエフェクターをすべて持っていくのは重くてしんどいので、小さなマルチエフェクターを使ってその場をしのぐのだ。とりあえずは便利で、それなりにいい結果が出る点で、オールインワンとマルチエフェクターはよく似ている（上級者になるほど敬遠されがちな部分も同じだ）。めんどうになると「全部入り」に頼りたくなる人間の心理が、スキンケアにもエフェクターにも共通しているのが実にいい。またコスメ製品にも「ＢＢクリーム」（化粧下地、ファンデーション、日焼け止め一体型クリーム）なるアイテムが存在し、われわれが「一個にまとめ好き」であることを感じさせた。

美容雑誌の定番企画「コスメポーチ見せて」を読みながら、私は「これ読んだことあるな」と感じていた。コスメポーチから登場する各種アイテム。どの製品を組み合わせて使い、結果的にどういった効果を目指しているのか。この記事は、私がかつて愛読していた『ギターマガジン』で恒例だった「エフェクターボード見せて」企画と同じではないか。「化粧水はイプサ、そして美容液はクレ・ド・ポーのル・セラムです。この組み合わせで肌にうるおいとハリが出ました」と語る女性タレントと、「オーバードライブはジャン・レイ、そしてリバーブはストライモンです。この組み合わせでサウンドにツヤと奥行きが出ました」と語るギタリストは、実質的にまったく同じ話をしている。化粧品を収納するコスメポーチは、エフェクターを並べるエフェクターボードと完全一致。両者は共に、自分なりのセットをどう組むかという「構成」について語っているのだ。私は構成が好きだ。多くの選択肢から、みずからの視点で何かを選んで、こだわりの順番で並べ、自分なりのセットを組む。これ以上に楽しい遊びはなかなか思いつかない。

ここまで説明してきた通り、スキンケア製品とエフェクターは同一である。顔面をメイクするか、サウンドをメイクするかの違いだけである。スキンケアにあまり興味のない男性諸氏であっても、スイッチやつまみのたくさんついたエフェクターをいじるのは楽しいわけだし、男性も明日からスキンケアを始めてみてはどうか。そしてどちらも、なかなかに業が深いジャンルでもあると思う。ギターを弾く人がなぜかオーバードライブのペダルを何個も買ってしまうように、スキンケアが好きな人は、新しい美容液が出るとつい買ってしまうのである。もう家にたくさんあるのに。買ってもあまり意味がなく、使い切れないとわかっているのに。

限定商品が出れば転売屋も横行する。半信半疑で手を出して、痛い目にもあう。そういった意味では、スキンケア製品もエフェクターも、ずいぶんやっかいなジャンルである。しかし、私はもう戻れない。構成が大好きな私は、一度構成に取りつかれてしまうと、もう他のことなど考えられなくなる性質なのだ。

聞いたことのない言葉

美容は専門用語だらけだ

スキンケア製品を調べているとよく出てくる「テクスチャー」という言葉。美容業界の方々はとにかくこの言葉が好きだ。私は勉強のため、美容系のブログやYouTubeなども見始めていたが、新製品紹介の記事や動画では、ほとんど全員が「テクスチャーはこんな感じです」と説明している。普段の生活ではほぼ耳にすることのない「テクスチャー」なる言い回しが、美容業界では万能のキーワードとして使われているのがおもしろかった。言う側に「もしかしたら伝わらないかもしれない」という心配がいっさいないのが気に入った。製品の宣伝にも「なめらかなテクスチャー」などと大きく書かれている。美容業界はなにしろ「テクスチャー」に対して自信満々なのだ。

この言葉は、製品の手ざわりや感触を意味する言葉で、サラッとしているとか、粘度が高い、柔らかい、あまり水分を含んでいない、などの状態を示している。スキンケア製品は、肌にのせたときにどのような感触か、つけ心地はどうかが重要になるのだが、そうした説明に便利なワードとして「テクスチャー」が広く使用されていったものと思われる。どの業界にも専門用語が存在するが、なかでも美容業界は独特のワードが頻出する傾向がある。当初は戸惑ったが、そうした言葉を覚えていくうちに、やがて自分も美容業界に属するメンバーになったような気がした。

ぱっと聞いただけでは、どんな意味だか想像がつかないような言葉の数々。デパコス、プチプラ。抜け感、透け感。ブルベ、イエベ。急に言われても戸惑ってしまうワードが、何の前置きもなしに飛び出してくるのが美容業界だ。エモリエント（たぶんマリトッツォの次に流行るスイーツだと思う）。スウォッチ（時計ではない）。タッチアップ（外野フライを取った瞬間に三塁ランナーが走り出す野球のルールではない）。シアー（九〇年代に人気だったR＆Bシンガーかもしれない）。プランプ効果（どんな効果が生まれるのか）。指止まり（「指止まりがいい」とは何の符号なのだろう。反社会勢力の人たちが使う隠語みたいに聞こえる)。テラコッタ(中南米のどこかの国の首都だろうか)。長さ出し(「長さ」も「出す」もよく知っている言葉なのに、合体したとたん意味不明になる)。カブキ(海老蔵や中村獅童とは別)。ムエット(ピアノ教室で、バイエルが終わった後に習う教則本ではないか)。ティント(ディズニー映画で、主人公と共に旅をする動物キャラクターの名前だったか)。コフレ(薄く焼いたクッキーのあいだに、バニラが挟まっている甘いおやつの可能性が高い)。ちなみに、これらの美容用語の意味は最後にまとめて記載しているので、関心のある読者の方は確認してみてほしい。

数多くの耳慣れない用語を覚えていくうち、私はスキンケアがおもしろくてたまらなくなっていた。製品紹介の記事を読んでも、八割近くが知らない語彙で構成されていて、これがアメリカのコメディ映画なら、誰かが「英語で言ってくれ」とツッコむくだりだと思いながら、脱落しないようについていく。こんなに知らない言葉だらけのジャンルって何なのだろうか。メイクやスキンケアを好きな人たちの知識量には驚くべきものがある。きっと、美容には覚えなくてはならないことが多く、通常の語彙では説明しきれない微細なニュアンスを表現する必要性が出てくるのだと思う。そこで専門用語が増えていったのだろう。

私自身、学生時代から英語の勉強が好きだったこともあり、新しい外国語を覚えているようなときめきを感じていたのかもしれない。私は、自分の知らない言葉が出てくると、それだけで嬉しくなってしまう性格なのだ。意味がよくわからないからこそ興味をそそられる。耳慣れないボキャブラリーを使って語り合う人たちがいること、それじたいが嬉しいのだった。新しい言葉で世界が広がる感覚とでも言おうか。

似たような経験でいえば、知人女性から教えてもらった「全プレ」は忘れられないワードだ。応募者全員プレゼント、略して全プレ。『りぼん』『なかよし』などの少女漫画雑誌で、応募すると必ずグッズをもらえる恒例企画のことである。知人いわく、全プレを入手するには指定された額の切手を出版社へ送る必要があり、実際はプレゼントではなく買っているのだが、ポーチや文房具などのファンシーなアイテムが届いて、ときめいたとの話だった。その話を聞いたとたん、一気に記憶がよみがえった。あっ。小学校の頃、たしかにクラスの女子がいっせいに同じデザインのグッズを学校に持ってくるタイミングがあって、私は「いったい何だろう」と思っていたのだった。女子どうしの連帯感がそこにはあった。当時、何なのかよくわからなかった女子の行動が、数十年の期間を経て判明したとき、「あれは全プレだったのか！」と世界の解像度が上がったような気がしたものだった。

同様に「差分」も好きな言葉だ。オタク的な趣味を持つ知人女性から「舞台を見るときは、差分の回収があるので」と言われたとき、私は抑えきれない好奇心を感じながら「あの、サブンって何ですか」と質問したのだった。差分とは、ライブや演劇など、同じ演目を複数回おこなうイベントで、その回でしか見られない特別な要素を指す用語なのだという。たとえばあるバンドが全国ツアーをするなかで、大阪公演でのみ演奏した曲があれば、それが差分にあたる。「その違う要素を、すべて逃さず見た上で記憶に焼きつけたいというオタクの習性がありまして」と説明されたとき、私はよろこびと共に「差分を回収したいと思うわけですね」と返事をしていた。

こうしてそれぞれの業界ごとに存在する新しい語彙に触れたとき、私は何とも楽しい気持ちになるのである。自分が知らなかった、近づきたくてもきっかけのなかった世界。思えば、美容もそのようなジャンルだった。また同時に、全プレ、差分といった言葉に全幅の信頼を寄せ、何の疑いもなく、当然通じるものとして使っている人たちのかわいらしさに胸がキュンとしてしまうのだった。美容用語のおもしろさは、全プレや差分を知ったときの感覚によく似ていた気がする。

いちばん好きな美容用語

数多くの美容用語を学んだ私だが、もっとも好きなワードは何かと訊かれれば、やはり「こっくり」に尽きる。スキンケア製品について調べるたび、この言葉が必ずといっていいほど出てくるので、どうしてスキンケアではこれほど「こっくり」が大事なのだろうかと不思議だった。日常生活で、「こっくり」などという変わった響きの形容詞を耳にしたことはあるだろうか。私は、スキンケアを始めるまでまったく知らなかった。ところが、ひとたびスキンケアの世界に足を踏み入れたとたん、誰もが「こっくり」を連発しているというギャップが楽しくてしかたない。こんな日本語が存在したのだ。どこからこの言葉が生まれたのか、なぜ美容業界のなかでだけ圧倒的なシェアを誇るのか、まったくわからないのだが、「こっくりとしたクリーム」といった言い回しは最上級のほめ言葉である。

これは、濃厚で重さのあるしっとりとした感触、といったような意味合いの言葉だ。

そう説明されれば、かさついた肌を濃厚なクリームで保護し、うるおいやツヤをもたらしてくれる「こっくり」のイメージが湧いてくるような気がする。初めてこの言葉を知った方も、ぜひドラッグストアへ出かけてスキンケア製品を手に取り、パッケージを眺めてみてほしい。そこには「こっくり」の文字があるはずだ。当初は戸惑うかもしれないが、「きっとすごくいいんだな」と思っていただければ間違いない。

「モロモロ」もかなりいい線を行っている。多くの男性にとっては意味不明かと思うが、これは「メイクをしたはいいが、化粧品と肌がうまくなじまず、化粧下地などが剝がれて消しゴムのカスのように固まったもの」を指す言葉だ。メイク製品を紹介する際、「モロモロが出にくい」といった言い方をする。私はまず「下地やファンデーションがよれてしまい、消しゴムのカスみたいに肌の上に残る」というメイクあるあるを知らなかったし、その「消しゴムのカス状のもの」に名前がついていることも当然知らなかった。「モロモロ」という言葉を知るだけで、付随する情報が一気に入ってくるのが楽しい。また、「モロモロ」というちょっと間の抜けたネーミングセンスにも愛嬌があり、この名称を考えた人物にはさりげないユーモアの感覚があるなと思ったものだった。

そういえば、アメリカ出身のミュージシャン、ジム・オルークは日本へ移り住み、長く暮らしているが、彼が学んだ日本語のなかでもっとも好きな言い回しは「断腸の思い」だという。私は彼の気持ちが何となく想像できる。断腸の思い。あらためて考えれば奇妙な言い回しである。それはどんな思いなのか。なんで腸なのか。ジム・オルークが日本語に見出した驚きに近い何かを、私は美容の世界に発見したように思う。

文中で紹介した美容用語

・デパコス……百貨店（デパート）で販売されている化粧品類（コスメ）を指す言い方。ブランドものなど高級品が扱われている場合が多い。
・プチプラ……「プチ（小さい）プライス（価格）」の略。プチプラ製品はスキンケア初心者にも優しい。
・抜け感／透け感……メイクをきっちり仕上げすぎず、あえてラフな感じや、透ける感じを残すこと。
・ブルベ／イエベ……「ブルーベース」「イエローベース」の略。肌の色の傾向をあらわしたもので、自分に似合う化粧品を選ぶ指針になる。
・エモリエント……皮膚から水分が蒸散するのを抑えてうるおいを保ち、皮膚を柔らかくすること。

・スウォッチ……「見本」の意味。ＳＮＳでは自分の肌にファンデーションやアイシャドウなどを塗って色味を見せるスウォッチの投稿がたくさんある。
・タッチアップ……店舗のコスメカウンターなどで、美容部員が客にスキンケアやメイクを施すこと。
・シアー……透明感のある質感、透き通るような仕上がりのこと。
・プランプ効果……主にリップ下地などに使われる、唇をふっくら見せる効果のこと。
・指止まり……スキンケア製品を肌に塗る際、肌に伸ばしていた指先がピタッと止まること。製品の肌へのなじみ具合を示す。
・テラコッタ……オレンジとブラウンが混じったレンガのような色合い。近年のコスメの流行色。
・長さ出し……ネイルサロンで使用される言葉で、ジェルやチップなどを使って自爪に長さをプラスする技術のこと。
・カブキ……毛先がドーム型にカットされた「カブキブラシ」は、ベースメイクに愛用している人が多いアイテム。歌舞伎役者の髪型に似ていることから名づけられたそうだ。
・ムエット……香水売り場に備えつけられている、香りを試すための紙のこと。
・ティント……色をつける、染めるという意味。色落ちしにくい「ティントリップ」が近年は人気。
・コフレ……複数の化粧品を詰め合わせたセット。多くの化粧品メーカーは季節ごとに「限定コフレ」を販売しており、美容ファンのあいだでしばしば話題になっている。

メーカーごとの特徴を知ろう

多くの男性にとっては、会社名を聞いたことはあるが、具体的にどんな会社かはよくわかっていない化粧品メーカー。男性ビギナーにも買いやすい、比較的安価な製品を出している会社を中心に、その特色や注目ポイントをまとめた。

基本的には、どのメーカーも遜色なく優れたスキンケア製品を作っている。各社、よりよい製品を作るために研究を重ねており、ドラッグストアに並んでいる製品は質が高いものばかりだ。私自身も、使ってみて「まったく効果がない」といった不満を感じた経験はない。もちろん、たくさんの製品を使って違いがわかるようになれば、より自分の好みにあったアイテムが見つかるはずだが、何も知らない状態であれば、「お店のいちばん目立つところに置いてあったから」といったシンプルな理由で購入しても、何の問題もない。肌触り、香り、使い心地などはそれぞれのメーカーで特徴があるが、それも慣れてくれば自然とわかるようになってくる。何より大事なのは、どんな製品でもいいので始めること、そして欠かさずに続けていくことだ。

スキンケアの質を決めるのは、使った金額ではない。たとえ高級化粧品を買っても、週に一度しか使用しないなら、安価な製品でも朝晩欠かさず使った方が確実に効果がある。お金とマメさなら、マメさが勝つのがスキンケアである。

資生堂　信頼の老舗、高品質のスキンケアを提供

これからスキンケアを始める男性に、まず推薦したいメーカーが資生堂だ。プチプラの製品であっても、使ってみれば「しっかりと作られているのだな」と実感できるクオリティの高さ。性別、年齢問わず、使いやすい製品が見つかるラインアップの広さと安定性。どのメーカーの製品を買おうか迷ったら、まずは資生堂から試してみてほしい。いずれ他社のアイテムを使う場合でも、基準として資生堂製品の使い心地や質を知っておくと、比較するための軸ができる。まずはトップブランドのよさを経験してほしいのだ。

肌触りのよさ、上品な香りも特徴で、そこまで値段の高くない製品でも、心地よい香りがついているのが資生堂らしさだと感じた。初めてのスキンケアなら、ドラッグストアで気軽に買える「アクアレーベル」はベストな選択だ。感触と同時に、香りを通じてスキンケアを楽しんでみてほしい。また、お手頃な値段の製品に慣れてきたら、もう少し質の高い中価格帯の製品へスムーズに移行できるのも資生堂のいいところ。「アクアレーベル」でスキンケアに親しんだ後なら、「エリクシール」「HAKU」などにトライしてみてもよい。「スキンケア製品で値段が上がると、こんな部分がよくなるのか」と実感できるだろう。敏感肌の方で、低刺激の製品を使いたい場合は「dプログラム」という選択肢もある。

また資生堂は技術力が高く、美容業界全体でも一目置かれる存在である。たくさんの特許を出願し、新製品を生み出し続けている資生堂は、間違いなく業界の最先端企業だ。なかでも私が驚いた資生堂の技術は、二〇二一年に商品化された人工皮膚、「SHISEIDO ビオパフォーマンス セカンドスキン」。目の下のたるみ部分に人工皮膚を貼りつけて気になる部分を隠してしまう、という驚愕の製品である。令和の日本ではすでに、人工皮膚がデパートで販売されているのだ。この未来感。これから先、私たちは家を出る前に人工皮膚で顔を整えるのが一般的になるのかもしれない。映画『トータル・リコール』(一九九〇)で、シュワルツェネッガーが変装用につけていた女性のマスクを連想したが、資生堂はそんな技術すら製品化してしまいそうなポテンシャルを秘めた企業なのだ。

ロート製薬　わかりやすく、よく効くスキンケア

いま、ドラッグストアの商品棚でいちばん目立つ場所にあり、もっとも大きな存在感を放っているのがロート製薬ではないか。人気のアイテム「肌ラボ」を中心に、気軽にスキンケアを始められ、効果の見えやすい製品をたくさんリリースしている化粧品メーカーだ。何も考えずに買ってきた化粧水や乳液がロート製薬だった、という方も多いだろう。プチプラ製品のなかでもさらに安価で入手できる良心的な価格設定で、さらにはクオリティが高いとなれば、人気が出るのも当然である。私自身、ロート製薬をかなり多く使っている。

初心者の目線から、ロート製薬のスキンケア製品は効果や目的がわかりやすく、選

びやすい。さっぱりした化粧水はすっと肌になじむし、しっとりした化粧水は「片栗粉でも入ってるのだろうか」と思うほどにとろりとした感触がある。冬の乾燥した時期、私は「肌ラボ 極潤 ヒアルロン液」を朝晩塗って乗り切ったが、そのネーミングの明快さ、保湿ならこの製品だというわかりやすさがポイントだったように思う。これがロート製薬の人気の秘訣ではないだろうか。

また、ビタミンCの研究で大きな成果を上げているのも、ロート製薬の特徴のひとつだ。安価にビタミンCのケアが始められる「メラノCC」や、その上位製品である「オバジ」といった定番アイテムをヒットさせている。シミ予防や毛穴のひきしめといった効果だけではなく、アンチエイジングも期待できる万能の美容液だ。スキンケアを始めるきっかけがシミの発見だという方は意外にいる。ロート製薬のビタミンCケアが美容の入口になるケースも多いのではないだろうか。

無印良品　男性にとって、もっとも身近なブランド

無印良品は化粧品メーカーではないが、スキンケア業界ではとても大きな影響力が

ある。私が初めて使った製品も無印良品であったたし、いまでも愛用しているアイテムが多い。まず何より、無印良品は男性にとってもっとも買いやすい製品だ。シンプルな単色の容器デザインは性別を問わず、部屋に置いても周囲となじみやすい。無印良品の店舗でスキンケア製品を買う場合でも、ドラッグストアの売り場と比較すると抵抗感がほとんどなく、製品を選びやすい利点がある。また、無印良品はコンビニへ販路を広げており、いまであればローソンにスキンケア用品の棚が置かれている。コンビニでおにぎりやお茶を買うついでに化粧水を買う、といった気軽さが、男性向きかもしれない。容器デザインや販路など、無印良品の販売方針には、純粋な化粧品メーカーではないからこそ可能な戦略性を感じる。

男性ユーザーへの親しみやすさにくわえて、製品そのものの質も高い。肌荒れや毛穴が気になるなら「クリアケア」、シワやたるみを解消したいなら「エイジングケア」など、用途ごとの品揃えも豊富。敏感肌用のラインが安価で提供されているのもいい(通常、敏感肌用の製品は価格がやや高めに設定されている)。個人的には、ハーブを使用した「ハーバル」シリーズも愛用している。さわやかな香りが特徴で、使うたびに心地よい使用感が味わえるのだ。

また、ＳＮＳでバズる人気製品も無印良品の特徴で、なかでも「エイジングケア薬用リンクルケアクリームマスク」は、一時期店頭から製品が姿を消すほどの評判だった。肌にハリを戻す成分「ナイアシンアミド」が驚きの安価で手に入るとあって、発売当初は転売までされていたアイテムである。こうした話題性を作れるのも、無印良品ならではだ。

花王　どこにも真似できない新基軸

花王でもっともよく知られている製品は、洗顔料やハンドソープの「ビオレ」かと思われるが、それ以外にもすぐれたアイテムを数多く作っている。花王スキンケア製品の独自性は、肌のお手入れに慣れて、違いがわかってきたユーザーに響くものが多い。私自身、いろいろなメーカーの製品をひと通り試したタイミングで、少し値段が高めで手が出しにくかった「キュレル 潤浸保湿 フェイスクリーム」を使い、その感触にびっくりして一気にファンになってしまった。各所で評判となっており、「どうしてこんなに保湿できるのに、使い心地がさらっとしているのか？」と未体験の使用感で驚きを与えてくれたアイテムだ。

肌を保湿しようとすると、どうしても一定量の油分を含ませなければならず、結果としてベタつく使用感になってしまう。クリームならばなおさらで、これはスキンケアを経験してみないとわからない部分だ。「クリームは重い」というハードルをみごとクリアして、軽くふわっとした感触で保湿を成功させた画期的な商品が「キュレル潤浸保湿 フェイスクリーム」だった。この製品には夢中になってしまい、何度も買い直しては日々使用している。ドラッグストアで売られている製品のなかでは、やや高めの価格になる「キュレル」だが、使い心地のいい製品ばかり。「キュレル バスタイム モイストバリアクリーム」はSNSから火がついたボディクリームで、私も愛用している。敏感肌用だが、そうでない方でも効果は抜群。

もうひとつオススメしたいのは「ソフィーナiP」シリーズである。値段としては中価格帯になるが、ドラッグストアでも購入可能。驚きのクオリティをぜひ試してほしい。わけても「ソフィーナiP ベースケアセラム 土台美容液」は異次元の使い心地が味わえる製品だった。美容に詳しい方から教えていただいて試したが、洗顔直後になじませれば、その後どんな化粧水を使ってもどんどん肌が吸収して、もちもちに変化する。まさにスキンケアの土台。ひと味違った感触や通好みのスキンケアを体験したいなら、花王は欠かせないメーカーだ。

常盤《ときわ》薬品　庶民感覚で親しみやすいスキンケアを

豆乳の美肌効果を活かしたスキンケアで知られるのが、常盤薬品のスキンケアブランド「なめらか本舗」だ。その気取らない庶民感覚、どこか和風なパッケージデザインが売りのプチプラ製品である。「なめらか本舗」のネーミングや、「豆乳イソフラボン」と丸っこいフォントで大書きされたパッケージも、スタイリッシュさを放棄することによってしか得られない親近感、誰にでも始められる敷居の低さがある。もちろん意図的なイメージ戦略だろう。「化粧品はオシャレでなくてはならない」と思い込んでいた私の固定観念を打ち破ってくれた製品である。世の中がみなオシャレや洗練だけを求めているわけではないのだ。

ドラッグストアにも必ず置いてある「なめらか本舗」は、安価で良質な製品が多く、個人的にも大好きな製品だ。特に好きなのはクリーム系。「こっくり」の形容詞がこれほどあてはまる感触はない、という濃厚さの「リンクルナイトクリーム」を塗ってから眠れば、翌朝のお肌にはきっとハリが戻っているはず。また、洗顔後もうるおいをキープしてくれる、エイジングケアラインの「WRクレンジング洗顔N」も愛用している。

二〇〇四年の販売開始から、現在まで高い人気を誇る製品となった「なめらか本舗」。一定数はいるであろう「気取ったスキンケアはどうも苦手だ」という男性にとって、親しみやすい選択肢になるはずだ。女性にも同様に、オシャレなスキンケア製品は手に取りにくい、という方が多数いたのだろう。そうしたニーズを察知したこの秀逸なパッケージデザインを、ぜひ一度手に取って見てみてほしいと思う私である。

コーセー　優しくお肌を鎮める癒しのアイテム

ドラッグストアでよく見かけるコーセーの人気製品「カルテＨＤ」。これは資生堂の「ｄプログラム」や花王の「キュレル」と同様、敏感肌用のブランドなのだが、肌荒れを落ち着かせる抗炎症効果にすぐれた製品が多く、ひげ剃り後のケアにとても役に立った。男性にとってはかなり切実な、かみそり負けした肌の痛み、あごや頬の肌荒れ問題に役立った製品として、「カルテＨＤ」を紹介しておきたい。もちろん敏感肌でない方でも使用可能だ。

特に使い心地がよかったのは同ブランドの乳液。「モイスチュア エマルジョン」は、肌荒れに効果のある成分が含まれており、ひげを剃った後の肌に使用すると、痛みや赤らんだ部分が落ち着く。肌のほてりを鎮めつつ、保湿してうるおいを保ってくれるすぐれものだ。また、同様の効能を持つ製品として「高保湿ローション 乳液タイプ 顔・からだ用」も実にいい。これは顔だけではなく全身に使用できるのだが、何より肌荒れの防止や保湿の効果がすぐれていた。使用感もよく、安価でたくさんの量が使用できるのも嬉しいところだ。

また「ワン・バイ・コーセー」の「ザ・ウォーター・メイト」は、保湿にすぐれた化粧水で、美容雑誌での評価も高かった製品。ヒアルロン酸とセラミドの複合体配合、などと書くと「なんのことだ」と言われそうだが、このふたつの成分を結合させたすごさは形容が難しい。言うなれば、メジャーリーグ級のスラッガーでありつつ投手もこなす、大谷翔平選手のようなビックリ化粧水が出たのと同然である。ここまでしっかりと保湿できる化粧水はあまりない。これもコーセーの技術力のたまものだ。

まずは試してみよう

スキンケア初心者の男性が知っておくべき化粧品メーカーを紹介してきたが、この場では書ききれないメーカーは他にもたくさんある。ファンケルの洗顔料は洗い上がりがさっぱりしていて好きだし、いま人気の韓国系スキンケアにもかなりお世話になった。「CICA」(シカ)と呼ばれる緑色の容器に入った韓国製のアイテムは、ドラッグストアでよく見かけるものだが、これらはひげ剃り後のケアに向いていて、使うと肌がしっとりと落ち着く。また、大阪に本社を構えるトゥヴェールというブランドは本当に質が高くて、レチノールクリームや乳液はずっと愛用している大好きなアイテムだ。トゥヴェールは、プチプラよりは少し上の価格帯になるのと、入手できるお店が限られてしまうといった部分はあるが、ぜひ試してみてほしい。

またなにより嬉しいのは、友人知人から新しい製品を紹介してもらったり、使ってみたアイテムのよさに感動したりといった経験ではないだろうか。教えてもらった製品の感想を相手に伝えて、「あれはよかったですね」と語り合う時間というのも、スキンケアを充実させる上で大事な要素のひとつである。それらのすべてを、ミーハーな気持ちや好奇心を忘れずに、コミュニケーションも含めて楽しむのが、スキンケアを続ける秘訣であると思う。

ふたりの先輩

スキンケアをする上でとてもありがたかったのは、基礎知識や手入れのしかたを教えてくれる親切な方が見つかったことだ。美容を語り合える仲間ができたのである。これは本当に嬉しいことで、スキンケアを始めていちばんの収穫と言ってよいと思う。どのように肌をケアすればいいか、その基本を私に教えてくれたのは、吉井さんと高宮さんのふたりであった。私は自分がスキンケアに興味を持っていることをＳＮＳで発信していたのだが、そうした投稿がきっかけで知り合った方々である。ＳＮＳには、スマホを使って直接に会話をする機能（スペースと呼ばれるもの）があり、そこでふたりの師と会話をしながら学んでいったのだった。スキンケアに興味を持たなければ、こうした人たちと知り合うこともなかっただろう。

スキンケアをどう学ぶか

吉井さんは知識の人である。美容に詳しく、何を訊いてもわかりやすく解説してくれる博識な方だ。話し方は穏やかで柔らかい印象があるが、最初に話したときから知的な方だという印象を持った。世界中のメーカーからすぐれたコスメを見つけて発信する目利きであり、SNSではとんでもない人数のフォロワーがいて、化粧品メーカーからのPR依頼やサンプルの送付が引きも切らないという人物だ。親切な性格で、その人に合った製品や使い方まで教えてくれるので、私もそのアドバイスに頼りっきりになり、スキンケアを学ぶ際にほとんど迷うことがなかった。私は吉井さんと知り合ったとき、その師匠然とした語り口に、「この人の弟子になったらスキンケアがうまくいくかも……」と予感したものだった。

こう説明すると、吉井さんはいわゆる「インフルエンサー」に属する人にも思えるが、美容に関する知識だけではなく、政治や社会問題に関する洞察があり、SNSを見ると、ネイルアートやコスメのキレイな写真と同時に、政府のコロナ対策への意見が投稿されていたりする。そうした関心のバランスにも敬意を持った。

「値段が高いスキンケア製品は、なかに入っている成分の分子サイズを小さくするのにコストがかかってたりするんですよね」

吉井さんの話は深い。なにしろ師匠なので、スキンケア製品の説明が化学的な構造の部分から始まる。まさか分子サイズを教えてもらえるとは思わなかった。

「なんで分子のサイズを小さくするんですか」と私は質問した。

「化粧水や乳液って、つけてもそんなにかんたんには皮膚に浸透しないんです。効果を得るためには、お肌の角質層と呼ばれる部分のすきまに成分が入っていかないとダメなんですけど、そのすきまが顕微鏡じゃないと見えないくらいすごくせまいので、成分を浸透させようとすると、ひとつひとつの粒、分子のサイズをできるだけ小さくしないといけないんですね」

「あー、なるほど。イメージが湧きます」

「値段の安いスキンケア製品の場合、お肌に効く成分はそれなりに入ってるんですけど、分子サイズが大きいままだから、すきまに浸透していかなくて、肌の上にのってるだけになっちゃうんです」

「分子サイズの違いで効果に差が出るわけですね。ハァー、すごいなあ。化学の授業みたい」

「そういう、スキンケア製品に入っている成分の分子サイズを小さくする技術をナノテクノロジーって言うんです。成分が似ているのに値段が違う製品があるのは、ナノテクを使っていたり、肌に浸透しやすい分子サイズになっていたりするのが理由だったりします」

ナノテクノロジー。その後自分で調べたところ、たとえば富士フイルムは写真の現像技術で培われたナノテクノロジーの技術があり、その蓄積を活かして、スキンケア製品の開発をおこなうようになったのだとわかった。一気に物知りになったような気がして楽しかった。


肌がくすんでいると相談したとき、レチノールについて教えてくれたのも吉井さんだった。美容が好きな人なら当然知っているレチノールだが、私はその効能をよくわかっていなかった。

「レチノールの入っているスキンケア製品を使うと、ターンオーバーが促進されるんです」

「ターンオーバーって初めて聞きました」

「かんたんにいうと、肌の生まれ変わりのことですね。肌のいちばん表面の部分に角質層っていうのがあって、これは一定の期間で入れ替わっていくんです。だいたい四週間ごとに、古い角質層が剝がれ落ちて、下から新しい角質層が出てくるんです」

「脱皮みたいですね」と私は素朴すぎる感想を述べた。

「まあ脱皮……脱皮的な感じかな。この皮膚の生まれ変わりのサイクルがうまく働かずに、滞ってしまうことがあるんですね。加齢だったりとか、まあいろんな理由があるんですが」

「へぇー。止まるとどうなっちゃうんですか」

「いつまでも同じ角質層が残ってしまって、肌がくすんで見えたり、毛穴が目立ったりします。キレイな肌にしたかったら、一定のサイクルで肌がターンオーバーしていないとダメなんです。そこで、レチノールを使います」

「なるほど。ターンオーバーを促進させると」

「そうです。レチノールをつけると、もう強引に古い角質層を落として、新しいものに生まれ変わらせてしまうんですね」

「強力ですね。すごいな」

「ただ、強制再起動みたいな感じで古い角質層を落とすので、肌が弱い人だとピリピリしたりとか、刺激を感じてしまう場合もあります。ちょっと様子を見ながら慎重に使った方がいいかも」

「でもきちんと効いたら効果抜群じゃないですか、レチノール」

「うまく使うと、肌がフレッシュによみがえります」

私は手元のノートに「レチノール買うこと」とメモしたのだった。

スキンケアをどう楽しむか

一方、もうひとりの先輩、高宮さんは感受性の人であった。スキンケアやメイクをすることで、どのように満ち足りた気持ちになれるか、そのニュアンスを教えてくれたのが高宮さんである。話すと伝わってくるフレッシュな感受性に影響を受け、真似したいと思った。こうしたコミュニケーションがなければ、スキンケアの楽しさに気づけなかっただろうし、私の興味もあまり持続しなかったかもしれない。

多くの男性にとっては、「そもそも美容って何がそんなに楽しいのか?」という根本的な疑問がある。スキンケアにハマっていた私であっても、メイクに関してはわからない部分が多かった。どんな風に心がときめくのか。それは、愛車でドライブするくらい爽快なのか。週末のフットサルで得点をキメた瞬間のような嬉しさなのか。「ドラゴンクエスト」を最後までクリアしたときに匹敵する達成感なのか。これまで経験のなかったスキンケアやコスメのよろこびを理解するため、どう自分の文脈に落とし込めばいいかは、私にとって意外に難しいところだった。私は高宮さんと話していくなかで、その感受性を伝授してもらったような気がしている。高宮さんから教えてもらったのは、スキンケアやコスメに対する「ときめき方」だったと思う。

私がもっとも印象に残っているのは、「寝る前に、明日着る服を決めておく」という話だった。

「明日はこれを着るって決めて、ハンガーにかけておくんです」と高宮さんは言った。

「へぇー、いいですね。私は毎朝ぎりぎりまで寝てて、起きてからあわてて服を選ぶから、自分でもよくないなと思ってるんです。前の日に服を決めておくのって、何か理由があったりしますか」

「着る服が決まらないと、メイクの方向性が見えないので」

「えっ、何ですかそれは」

「洋服とメイクって、つながってるんです。全部合わせてひとつというか。洋服が決まると、メイクの方向性がわかってくるし、トータルでどんな感じになるかがイメージできるようになるんですね。だから、最初に洋服を決めておくと、メイクも迷わないし、うまくいきやすいんです」

自分の胸がキュンとときめく音が聞こえたような気がした。これだと思った。身だしなみを整えることを、普段から大切にしている人ならではの習慣に思えた。次の日にどんな服を着て、どうメイクするかを決めておくなんて、私の生活には存在しないものだった。

「いいですね。何か、すごく憧れます。あー、いいな。洋服とかメイクが大事なんだなっていうのが伝わってきますね。私、ずっと雑に生きてきたから、身だしなみとか全然ちゃんとしてなくて」

「いまからでも始められますよ」と高宮さんは言った。

化粧品が好きすぎて、毎月とんでもない額を注ぎ込んでしまう高宮さんが、一流ブランドの高級化粧品を次々に買ってはSNSに写真を上げていくのは、コスパだ節約だと世知辛い昨今、何とも気分がいいものであった。コスメのパッケージはデザインが美しく、見ているだけでうっとりしてしまうような製品ばかりだ。たしかに、こんなにきらびやかなコスメを買ったら、毎日が楽しくなりそうだ。当初はそこまで興味がなかった化粧品だったが、そのよさを語られているうちに、自分も興味を持つように変わっていった。多くのコスメブランドが、新製品や季節ごとのアイテムを競うように発表し、それがどれもキラキラと輝いて見える。世の女性は、こんなに美しいモノを使って、身だしなみを整えたり、なりたい自分に変身したりしているのだ。

「それはそうとして、今月のカードの請求、さすがにヤバいんじゃないですか」と私は言った。高宮さんのカード請求額は、よく冗談のネタになっていた。一万円以上するシャネルのアイシャドウを、三種類いっぺんに買ってしまった高宮さんは、誰にも止められないコスメ無双と化していた。

「お金は使っちゃったけど、別にいいんです。私はコスメを買って、あんなにワクワクできたんだから、それでいいじゃないかって」

つい笑ってしまうほどスッキリした言葉だと思った。そのままどこまでもコスメ道をつき進んでほしい。私は、何かが好きすぎてリミッターが外れてしまう人に惹かれるのだ。

ふたりの先輩からの薫陶《くんとう》を受けた私。スキンケアの勉強も順調に進んでいたが、先日、吉井さんからひとつのミッションを課せられていた。デパートでしか入手できない本格スキンケア製品、通称デパコスへの挑戦であった。きっかけは「どんな肌悩みがあるか」と訊かれた私が、もっとも気になっていた部分について質問をしたことだった。

「そうですね、えーっと、毛穴ですかね……。毛穴が赤黒く目立ってしまって、自分の鼻を見るだけで気持ちが落ち込んでしまうんです。毛穴が目立たないようにしたいんですが」

「それならとてもいい製品がありますよ」と、吉井さんは毛穴ケア用のアイテムを紹介してくれた。「ルナソルっていうブランドの洗顔ジェルで、デパートに行かないと買えないんですけど」

私は検索して製品を見つけた。「三千五百二十円。結構しますね」

「ちょっと高く感じるかもしれないですけど、この洗顔ジェルは、毛穴から角栓だけを掻き出してくれるんですよ」

「えっ、本当ですか」

「使ったらびっくりします。洗い上がりもしっとりつるつるで、毛穴対策ならコレしかないって感じですね」

私はその推薦の的確さと説得力に圧倒され、思わず「吉井さん、テレビショッピングの仕事したらすごい注文来るんじゃないですか」と言った。買う。明日にでもこの洗顔ジェルを買いに行こうと、私は心に決めた。

初めてのデパコス

吉井さんから毛穴対策用の洗顔ジェルを教えてもらった翌日、私は渋谷のデパートへ出かけた。近所のドラッグストアでは売っていない、値の張る製品なのである。初めて買いに行くデパコス。ついに私も、デパートでスキンケア製品を買うのだ。普段よりも少しいい服を着て出かける自分であった。

ここがデパコスの売り場ってやつか……。キラキラとした雰囲気に緊張しつつ、なるべく目立たないよう売り場を歩く。ドラッグストアの雰囲気には慣れてきたが、デパートのコスメ・スキンケア売り場は内装もおしゃれで、より緊張度が高い。探している洗顔ジェルはどこにあるのだろうか。落ち着いて製品を探す心の余裕がなく、BAさんと呼ばれる従業員の方にスマホの写真を見せて「これをください」と伝えたところ、お店の入口にある、いちばん目立つディスプレイ台から洗顔ジェルをひとつ手に取って「こちらですね」と確認された。いかに自分が緊張していたか、そのとき気づいた。そもそもBAとは何の略なのか、私はそれすらも知らなかった。化粧品売り場で働く方々を「ビューティ・アドバイザー」と呼び、BAはその略なのだった。
それにしたって、ここまで強く「早く顔を洗いたい」と念じながら家に帰ったことはない。三千五百円もする洗顔料とはどれほどの効力なのか。さっそく透明のジェルを顔全体に広げる。これは泡が出ないタイプの洗顔料だと、吉井さんは言っていた。もっとも気になる鼻の頭をていねいに洗ってから、水で流す前に試しに鏡を見た私は「ウワーッ」と声をあげていた。毛穴から角栓が押し出されている！　その状態がはっきり目に見えるのだ。毛穴に詰まったがんこな角栓が、洗顔ジェルの威力になす術もなく敗北している姿が痛快だった。私はついに毛穴に勝った、そう思った。

吉井さんに教えてもらった洗顔ジェルは、スキンケアを始めてから最大の興奮だった。「美容は化学であり、スキンケア製品は化学技術の結晶だ」と聞いてはいたが、これほどのパワーがあるとは思わなかった。ありがとう吉井さん。ウィニングランでもするような気持ちで化粧水をつける。これを続けていけば、きっと私の鼻はつるんとなめらかに変化するはずだ。かつては鼻の頭に粘着テープみたいなものを貼って、むりやりに角栓を除去する「毛穴パック」という製品も大流行したが、あれはいかにも肌によくなさそうだった。ブームだった一九九六年ごろ、私も実は何度か試したことがあって、たしかに角栓は気持ちいいくらい取れた記憶があるが、毛穴対策としては乱暴だったと思う。メーカーの方のインタビューを読んだところ、ユーザーのなかには、角栓がたくさんついた使用済みの毛穴パックをメーカーに郵送して「こんなに取れました！」と報告する方もいたという。きっと嬉しかったのだろうが、そのお知らせはいらない。

また、洗顔後に肌のつっぱった感覚がないのも驚きだった。たいていの場合、顔を洗うと肌の表面がうるおいを欠いてひりつくような状態になるのだが、それがない。うるおいが保持されている。佐々木さんの言った「値段が張るのっていいモノが多い」の意味がわかったような気がした。

それはそうと、デパートで洗顔ジェルを買った際、私はひとつ意外な経験をしていた。渡された袋から、製品と一緒にたくさんの試供品が出てきたのだ。化粧水、乳液、美容液。納豆についている醤油の袋をすごくオシャレにしたような形状のサンプル品が、使い切れないほど入っている。これは何だろうか。「とにかく一度トライしてみてほしい」とばかりに、数多くの試供品が添えられていたのだ。どうしてこんなにたくさん渡してくれるのだろうか。損をしないのだろうか。こちらが心配になってしまうほど気前よく、化粧品会社はサンプルをくれる。

考えてみれば、このような経験をしたことがあまりない。私は、何かを買って、おまけや試供品をもらった経験がとても少ないと思う。以前スターバックスへ行ったとき、新製品の「何とかフラペチーノ」をひと口ぶん入れたお試しの容器を渡されたことがあったが、思いつくのはその程度だ。文房具を買うとき、店頭でペンの試し書きはできても、新製品のペンを配ることはない。すき家が、新しく販売する牛丼をミニサイズで試食させてくれたりはしない。何かを買ったときに、ここまであれこれとおまけをつけてくれる業界を、これまで私は知らなかった。

美容業界とは、それほどに競争が激しいのだろうか。たしかにその可能性もあるが、個人的には、試供品がメーカーとユーザーをつなぐ役割を果たしており、コミュニケーションのきっかけを作っているように見えた。デパートで製品を買うと、BAさんが「どんな製品に興味があるか」について聞き取りする時間を取ってくれることがある。そこで、たとえば「毛穴で悩んでいて」と話すと、それに見合ったスキンケア製品のサンプルをくれるのだ。美容業界に特有のサンプル文化、おすそわけカルチャーは、初心者の私には新しい発見だった。男性の多くは「何かを買ったら、おまけがたくさんついてくる」という状況にあまりなじみがない。シビアなユーザーを納得させるためには試供品が不可欠なのかもしれないが、それにしてもちょっとサービスしすぎじゃないかと私は思った。

しかし、この「ちょっとしたおすそわけ」は、私たちにとって身近なコミュニケーションの方法でもある。誰かと顔を合わせたとき、相手が安価で気軽に受け取りやすい「何か」を渡してくれることはよくあるものだ。それは小分けになったお菓子だったり、飴だったりするのだが、そうした何かを手渡すことで成立するコミュニケーションが確実にある。決して大げさではないのだが、「あなたのことを気にしていますよ」という気持ちが伝わるミニギフト的な何か。そして「ちょっとしたおすそわけ」を日常生活に取り入れているのは、多くの場合、女性である。私は、美容業界のサンプル文化に、フェミニンな何かを感じた。

口コミとオススメ

また美容は、口コミが非常に大きな意味を持つジャンルでもある。吉井さんが普段親しくしている友人も、コスメの口コミサイト（アットコスメ）に投稿していた人どうしが仲良くなり、交流を深めていった経緯があると聞いた。お気に入りのコスメ・スキンケア製品を見つけると、どうしても人に言わずにはいられない。言ったからといって別に何がもらえるわけでも、得するわけでもないのだが、それでもつい発表してしまう。そうした、対価を求めないエネルギーが美容を好きな人たちのあいだにはある。そして自分の好きな製品を人にすすめて気に入ってもらえたとき、自分自身を理解してもらえたような、同じ価値観を共有したような独特のよろこびが生じる。さらには、コスメを通じて友人ができたりもする。だからこそ、美容の口コミは止まらないのである。

多くの人が、SNSで「ベスコス」（年間ベストコスメ）を発表し、美容雑誌もこぞって「今年使ってよかった製品」を取り上げる。この盛り上がりもまた尋常ではない。さらには、年に一度ならまだしも、上半期、下半期と二度にわけてベストを発表するのだから、どれだけ好きなコスメを語りたいんだと感心してしまう。映画雑誌のベスト企画や、小説の年間ランキング企画はあくまで年に一回だ。コスメ好きは、きっとそれだけでは足りないのだろう。祭りが年二回という、にぎやかさも楽しい。自分の好きな製品を周囲にすすめるのが嬉しいし、また誰がどの製品を選ぶのかも気になる。それらがすべてコミュニケーションに直結しているのがいい。こうしたポジティブな循環が、美容を好きな人にとってプラスに機能していると感じたのだ。

美容業界に広く根づいたサンプル文化、口コミの重要性。その根本にあるのは「ギブ」の精神だと私は感じた。製品を買いに来たユーザーとちょっとした会話をしながら試供品を渡す。好きなものについて語りたいから語る。それらはすべて「小さな贈与」のようだ。何かを与える性質が、美容に関わる人びとにはあるのではないか。

男は基本的に放っておく

粉瘤《ふんりゅう》になった

二〇二二年三月。長らく放置していた粉瘤が悪化し、私は渋谷のクリニックで診察を受けていた。粉瘤とは、皮膚の内側に角質や皮脂がたまり、袋状にふくらんでしまった状態のことである。ステイホーム時期にできた背中の粉瘤は、コブとなって日増しに巨大化していき、雪見だいふくのサイズに成長してしまったのだ。さらには、この粉瘤に雑菌が入り込んだのか、強い痛みをともなうようになった。夜になり布団へ入っても、背中のコブが気になって眠れない。鏡で見た粉瘤は、赤く変色して腫れ上がっていた。

診察を受けた日の私は「病院へ駆け込む」という表現がぴったりの状態だった。クリニックの先生は、私の背中を見るなり、あきれたような口調で「これは大きいですねえ」と言った。こんな風に粉瘤を放っておいて巨大化させ、手術以外に手の打ちようがなくなってから病院に駆け込む男性は結構多いと先生は教えてくれた。「普段からたくさん粉瘤を見てますけど、これはずいぶん大きいです。ご自身がお考えになってるより、ずっと大きいなあ。立派なもんです。いますぐ手術しましょう。内側にたまった膿《うみ》を取り出しますが、すごく大きいから、切開したときに匂うかもしれませんね。うふふ。膿と脂肪の嫌な匂いが」。先生はどこか嬉しそうだった。何度も「大きい」「立派だ」と連呼され、私も悪い気はしなかった。手術はものの五分で終わった。思いのほかあっけなかった。

多くの男性にとって、身体の不調があった際にまず取る手段は「放っておく」である。何もしないでおくのだ。ひげを剃った後、肌がひりひりする。放っておこう。歩くと足の裏が刺すように痛むことがある。放っておこう。立ちくらみする回数が妙に多くなった。放っておこう。どれもきっと大したことはないはずだし、すぐに病院に行くような神経質な人間にはなりたくない。それに何より、わざわざ病院に行くなんてめんどうくさいじゃないか。「様子を見る」といえば聞こえはいいが、結局は何もしない。身体の不調などという瑣末な問題は、意識の外へ押しやって考えないようにするのだ。

英コメディアン、ロバート・ウェッブは著書『「男らしさ」はつらいよ』（双葉社）でこう述べる。「男性が女性より早く亡くなる傾向にあることは確かだが、その理由の一つは、男性が医者に行きたがらないことである。男性は自分をあまり大事にしない傾向がある。自分のことばかり考えていると人から思われるのを嫌う。たとえば肺感染症にかかったとしても三ヶ月は耐えるのが本当の男だ、などと考える」。この指摘にはぎくりとした。

比率で考えた場合、男性は身体のケアを怠る傾向が女性よりも強いとロバート・ウェッブは指摘する。これもまた「基本的に放っておく」という態度が起こす弊害なのではないか。「男なら肺感染症でも三ヶ月は耐える」的な精神論は、令和のいまも意外にしぶとく残っている。痛くて生活できないレベルにまで状態が悪化しなければ、病院には行かない。私を含めた多くの男性は、自分の身体についてどこか他人事のような気持ちでいるし、状態を保つために日頃から手入れをしようという発想がない。

放っておいても、勝手に動くものだと思っているのだ。

　スキンケアを始めて、自分の身体を観察する習慣がついた。肌の状態を毎日手で触りながら確かめていると、微妙な変化が生じているのがわかるようになる。肌荒れで赤らんだり、乾燥していたり、化粧水を使ったときにぴりっとした刺激があったりする。肌を通して体調を実感できるようになるのだ。こうした考え方を教えてくれたのは高宮さんで、彼女はその日の肌のコンディションを見ながら、スキンケアの方法を決めるのだと話してくれた。

「今日は調子がいいから、レチノール使えるかなとか、考えながらケアするんです」

と高宮さんは言った。まずは基礎のケアをしながら肌の調子を確かめて、今日のコンディションなら大丈夫だと思った場合に限って、刺激の強いレチノールなどのアイテムを使うのだそうだ。

「そこまで自分の調子を確認したことがないですね」と私は正直に言った。自分の状態をモニターする、という発想そのものがなかった。

「えーっ、コンディションってわかりませんか。今日は肌が弱ってるなとか」

「その感覚がまだないんです。元気か病気かのどちらかしかなくて、そのあいだの微妙なニュアンスがないというか。続けていけばわかりますかね」

「わかりますよ、絶対！　そこが大事なんです」と高宮さんは教えてくれた。


実際、高宮さんの意見はとても参考になった。スキンケアをする上でとても大切な視点で、いまだに心に残っている。肌は決して一定の状態を保つわけではない。昨日食べたもの、睡眠時間、季節ごとの天候、アレルギーなど無数の条件に影響されながら、体調は日々変化していて、その兆候は肌にあらわれるのだ。寝る前に時間をかけておこなうスキンケアには、今日の体調はどんな感じかを確認するような側面が少なからずある。

こうした作業を欠かさずに続けている方と、私のように身体を粗末に扱ってきた人間では、身体に対する視点にも差が出てくる。「今日は化粧のノリがいい」というおなじみの表現を耳にするたび、それはどんな状態なのか想像もつかない男性は多いだろう。一方、たとえば普段からこまめに運動をする人であれば、準備体操をしている段階から、今日は身体がよく動くだとか、いつもより身体が重い、といった感覚があると思う。運動をする習慣もなく、身体のケアも考えない状態では、自分のコンディションをモニターしようがない。これまで私自身、夏で薄着になる前にあわててダイエットするくらいで、身体についてほとんど考えないまま生きてきたと気づいた。

かつて小学校で私の担任教師だった男性は「つばをつけときゃ治る」とよく言っていたが、粉瘤はつばでは治らなかった。「抜糸は二週間後です」と言われて、とぼとぼとクリニックを出る。麻酔が切れてくると、背中の痛みが少しずつぶり返し、家に帰る頃には腕を上げるのもしんどくなっていた。身体の一部を切開して内部から膿を出す、というのは思いのほか負担がかかるもので、その日は体調がすぐれず、痛み止めを飲んでずっと布団で横になっていた。「雑に扱って、申し訳なかったね」と、私は自分の身体に向かって言った。

成分を知ろう

勉強って楽しくないですか？

スキンケア製品の容器の裏側に書いてある、呪文のような成分名は何なのか、私はよくわからずにいた。ヒアルロン酸。セラミド。トラネキサム酸。ＰＥＧ。アラントイン。謎の暗号がずらっと並んだ成分表示を、私は長らく読み飛ばしていた。そんなことを知らなくても、化粧水や美容液は効いているのだし、お肌はすこぶる快調なのだから、成分が何だろうと別にいいじゃないか。私がそれまでに知っていた唯一の成分はメントールだった。肌につけるとスースーするやつ。男性が人生で知っておく必要がある成分はメントールだけであり、それ以外は無縁だと思っていた。

成分に興味を持ち始めたのは、知り合いの星野さんという女性と雑談したときだった。私が「最近スキンケアしていて」と話すと、彼女は「いま、化粧品検定の勉強しているんです」と教えてくれた。星野さんはオシャレや健康にも人一倍気を使っている若者なのだが、好きが高じて美容に関する勉強を始めているらしいのだ。


「化粧品検定って何ですか」

「コスメやスキンケア製品に関する資格で、ＢＡさんとか、美容に関わる仕事をする人が取るんですよ。意外に難しくて苦戦してますけど」

「へぇ〜。初めて聞きました。転職のためですか」

「そこまで具体的ではないです。もしかしたら、いつか役に立つことがあるかもしれないですけど、別に転職を考えてるわけではなくて、もうちょっと趣味っぽい感じですかね。空いた時間でテキストを読んだりして、楽しいんですよ。覚えたことをノートに書いていくんですけど、手書きのノートが好きで」

「ああ、わかります。紙にペンで書くのって気持ちいいですよね」

「はい。こう、頭にすっと入ってくるというか」

すると星野さんは急に何かを思い出したような表情になり、「あの、勉強って楽しくないですか?」と言った。

大人になって気づく人生の真実。そう、勉強は楽しいのだ。中高生時代の自分に伝えたいことナンバーワンの事実。何かを学び、知識をたくわえた状態は気分がいいものである。だからこそ、時間があるうちにやっておいた方がいい。しかしそれに気づくのは後になってからなのだ。日々の暮らしに追われて勉強する時間が取れないタイミングになって、ようやくわかるその有意義さ。私は深い共感と共にうなずいた。

「そうなんですよね……。私はなんでもっと勉強しなかったのだろうか」

美容を体系的に学習している人を身近に発見し、私は刺激を受けた。私が部屋で寝転がって、犬が飼い主にシャンプーされている動画を眺めているとき、星野さんはコツコツと化粧品の勉強をしていたのだった。その向上心を見習いたいという気持ちになった。何より「勉強って楽しい」という星野さんの言葉に、その通りだ！　という共感があった。私も何か新しいことを勉強してみたい。あの暗号みたいな成分名の意味も理解できるようになるだろうか。あの難解な化合物の名前をすらすらと言えたらカッコよさそうだ。星野さんが勉強しているなら、私もやってみようか。そう考えると、急にやる気のスイッチが入った。成分の勉強をしたら、もっとスキンケアを楽しめるのではないか。

試しに調べてみると、スキンケア製品に関するテキストはたくさんあった。世の中には、化粧品の成分を勉強する人がたくさんいるのだ。まさか自分が化粧品成分の勉強を始めることになるとは。しかし、きちんと本を読んで覚えれば、より論理的にスキンケア製品を理解できるようになるはずだ。私は取り寄せた化粧品成分のテキストを開き、意気揚々と勉強を開始したが、軽い気持ちで手を出したことをさっそく後悔していた。

「ヒアルロン酸ナトリウムは、化学構造としてはN-アセチルグルコサミンとグルクロン酸ナトリウムが交互に延々とつながったヒモ状の分子です。ヒアルロン酸Naは多量の水分を含むことができ、その性質から強力な保湿成分としての応用が盛んになっています」

何が書いてあるのかわからない。成分の仕組みってこんなに難しいのか。ヒアルロン酸ナトリウムの項を読み始めたはいいが、「ヒモ状の分子」とは何か、説明されてもイメージがまったく浮かばないのが悲しい。学生時代、授業に集中せずにぼんやりしていた過去の自分を悔やんだ。この調子では「水兵リーベ僕の船」からやり直しではないか。ひとまず「ヒアルロン酸は保湿成分」とそれだけを頭に入れて、ノートにメモを取る。私は美容を甘く見ていた。デパートで化粧品を売るＢＡの方々も、こういった地道な勉強を欠かさず、商品知識を高めているのだなと思うと尊敬の念が湧いてくる。ここまでしっかり勉強しないとできない仕事がＢＡなのだ。化粧水のパッケージに「ヒアルロン酸」と書いてあったとすれば、それは保湿しますよという意味なのだと判断すればひとまずいいだろう。化学構造はまるでわかっていないが、いつかわかる日が来るかもしれない。

理系と無縁だった人生

成分の勉強は続いた。スキンケア製品の容器の裏を見て、成分を確認する習慣がついた。成分にビタミンC誘導体と書かれてあれば、誘導体とは何かを知りたくなる。いったい何を誘導しているのか。また、化粧品によく使用される界面活性剤の効果がわかったのも有意義な発見だった。サラダ用のドレッシングで、油分と水分が完全に分離して二層になっている状態を思い出してほしい。あれは界面活性剤を使用していないドレッシングである。あのドレッシングに界面活性剤を入れると、両者が混じり合った状態になり、使用前にわざわざ振る必要がなくなる。界面活性剤は衣類の洗剤やシャンプー、アイスクリームなどにも使用されており、身近なものだ。日常生活と化学の接点を知ると、「なるほどナァ」と感心する。勉強してよかったと思った。

成分の勉強をしてみて、「スキンケア製品とは化学技術の結晶である」と納得がいった。化学の力で肌トラブルを解消し、美しくなる。徹底した理系のロジックから作られているのがスキンケア製品だ。だからこそ、美容にハマっていく方は成分名に詳しくなり、肌にどのような効能をもたらすかを論理的に判断できる。これまで、理系とまったく縁のない人生を送ってきた私は、初めて自分の趣味に化学が入り込んできた状況に戸惑いつつも、同時に嬉しく思っていた。これまで私が自発的にした勉強というと、英語くらいではなかろうか。もう少し何か勉強しておけば、自分の人生ももっと豊かになっていたのではないかと想像した。

私は趣味も兼ねて成分を勉強したが、スキンケア製品に含まれる成分について、そこまで深掘りする必要はない。成分を知らなくても、スキンケアはできる。一応かんたんに説明しておくと、どのように肌を変化させたいかの目標を定めて、それに合った成分が含まれた製品を探すのがわかりやすいと思う。水分を行き渡らせてうるおいを維持する「保湿」、ニキビや肌荒れ、ひげ剃り後の肌のひりつきを落ち着かせる「抗炎症」、肌のシミやくすみをなくす「ブライトニング」、肌にハリを持たせ、たるみを防止する「アンチエイジング」などである。自分の求める効能に合った成分は何かを覚えていけば、製品の特徴がわかるようになる。

多くの場合、ひとつのスキンケア製品には「美白と抗炎症」のように複数の訴求ポイント（「訴求」は美容業界の専門用語で、どんな効能があるかをアピールすること）が含まれていることが多い。記載された成分を見ながら「美白はこの成分、こっちの成分は抗炎症かな」と考えながら眺めていくと理解しやすくなる。成分の混ぜ合わせ方を「処方」と呼んだりするのだが、どんな処方かの推測がついてくると、スキンケア製品を買う前にあれこれと確認できる。「この製品はシワ改善を訴求しているけど、ナイアシンアミドが有効成分だろうか」といった推測ができるようになるのだ。

処方が読めるようになると、とても嬉しい。ついに自分も一人前だ、という気分になる。ドラッグストアの店内で、パッケージの成分一覧を眺めながら「読める、読めるぞ」とムスカ大佐になってしまう私であった。それまで、何が書いてあるのかまるで理解できなかった成分一覧が、意味と目的を持った組み合わせに見えてくるのは嬉しかった。自分はより積極的に美容へ取り組んでいるのだ、という気持ちになれるのが楽しいのだ。

同性に憧れる仕組み

ロールモデルがいない

女性が美容を継続するモチベーションのひとつに、ロールモデルの存在がある。「あの人のようになりたい」という憧れが原動力になるのだ。髪型やファッションを真似したい、メイクの参考にしたい、というお手本になる存在。女性向け美容雑誌を読むとよくわかるが、表紙を飾るような有名人や、独自のファッションセンスを持つ女性に対する憧れは、美容業界にとって欠かせない原動力になっている。多くの女性が持つ「同性に憧れるエネルギー」の強さは、私には経験のないものだった。

王道のかわいらしさを求めるならこのアナウンサー、尖った個性のあるファッションが好きならこのモデルというようにバリエーションも豊富で、自分好みのロールモデルを見つけられる幅広さがある。うらやましい、と思った。こんな風に同性を目標にしたり、気軽に服装やメイクを真似たりできたらとても楽しいだろう。「美容に興味を持っています」と女性に話すと、「有名人でいうと誰みたいになりたいですか?」と訊かれることがあるが、急に質問されると返答に困る。いったい誰みたいになりたいんだ、私は。

そう考えてみると、多くの男性の場合、女性と比較してそこまで強くロールモデルを求めていないように思う。美容に関していえば特にそうだ。もちろん木村拓哉や窪塚洋介のように、ファッションの影響力が大きい男性有名人は何人かいるが、女性が同性に抱く憧れとはどこか質が違う。女性が同性に対して「かわいい、ステキ」「あの人みたいになりたい」と感じるのと同じしかたで、男性が同性に憧憬を抱くことはあまりないように思うのだ。女性が同性に憧れるとき、身体を含めてその人物と近い存在になりたい、同一化したいという気持ちが働くように見える。その差がおもしろいと思った。

たとえば、いま私の手元にある美容雑誌『VOCE』二〇二二年九月号(講談社)の特集は「田中みな実研究」だが、そこには「更新し続けるカラダ」という記事があり、彼女がどのように美しいスタイルをキープしているかが紹介されている。通っているパーソナルジムやエステサロンの情報、水分補給や食事の摂り方。やはり女性読者は、田中みな実の身体に興味があり、あんな風なスタイルになりたいと憧れるのだ。彼女の「一日三リットルの水を飲む」という美容法は広く知られている。こうした記事を読むと、女性が同性に対して抱く憧れの仕組みが伝わってくるようで、いろいろと発見が多い。

そう考えたとき「スタイルブック」もまた、多くの男性にとっては未知の領域である。スタイルブックとは、芸能人やモデルなど有名な女性のファッションを中心に、メイク、愛用品のコスメ、日常生活の様子などをキレイな写真でまとめた書籍のことだ。購買層も基本的には女性であり、同性に対する共感や好意がベースになっている。憧れの女性をもっとよく知りたい、という女性読者の欲求に応えるのがスタイルブックだ。私はこれまで、スタイルブックを一度も読んだことがなかった。なぜ、男性読者をターゲットにした、男性芸能人のスタイルブックは出ないのか。「需要がないので供給されない」のはわかっているが、美容に興味を抱くと、こうした男女差がどうしても気になってしまう。

　女性向けのスタイルブックでは、体調を保つ秘訣であったり、食事や睡眠など普段の暮らしで何に気をつけているかといった読み物が用意されていることが多い。たとえば、新木優子（モデル・俳優）のスタイルブック『新木優子ビューティスタイルブック 新木式』（集英社）を例に挙げると、スキンケアの方法、体調管理、身体のむくみや肌荒れといったトラブルへの対処法などに多くのページが割かれている。もちろん、メイクやファッション、将来の夢といった内容も盛り込まれているが、ここで大事なのは、読者が新木の身体について知りたがっていることだと思う。

「平均してどのくらいの時間お風呂に入ってる？」「スタイルキープのために積極的に食べたり飲んだりしているものは？」といった質問はどれも、新木の身体についての問いだ。女性同士のコミュニケーションで、こうした質問がごく自然に出てくるのが、私にとっては新鮮に感じる。こうした問いを、男性から男性へ向けて発することはあまりない気がするためだ。私は、アンガールズの田中卓志や、ハライチの澤部佑に対して憧れの気持ちを抱いているのだが、彼らの入浴時間や、一日に何リットルの水を飲むかといった情報はない（ぜひ知りたいと思っている）。また、新木のスタイルブックでは「体のパーツでお気に入りの場所は？」も印象的な問いかけであった。私自身、「お気に入りのパーツ」があるかどうか、人生で一度も考えたことがなかった。自分のお気に入りといえばどのパーツだろうか。考えてもぱっと浮かんでこない。

一方、同性へ向けたスタイルブック（的な書籍）を出版する男性芸能人として、強いていえば、所ジョージが挙げられるかもしれない。彼が出しているムック本が、スタイルブックに比較的近いように思う。彼が自分の趣味を追求する秘密基地のような場所を作り、どんな車を買ってどのように改造したか、バイクにどう塗装を施したかなどを紹介する楽しい本だ。調べてみると何十冊も出ており、コンビニにも並んでいるくらいだから、かなり売れているはずである。

所ジョージのムック本では、彼の趣味性にのみ焦点が当たっていて、所ジョージ本人の身体性には行きつかない。読者が知りたいのは、あくまで彼が好きな年代物の車やバイク、そこから伝わる趣味人としてのセンスのよさであって、彼が体調を保つためにどんな工夫をしているかではないのだ。数多く出版されたムック本のすべてに目を通したわけではないので、過去にはもしかすると彼の身体性にまつわる記事があったかもしれないが、そういった要素に興味を抱く男性は少ないように思う。私を含め、多くの男性はそこまで身体に重きを置いていない。一方、女性向けスタイルブックの読者は、ダイエットや生理、スキンケアや心の不調についての文章を求めているし、身体そのものを含めて憧れの女性に共感しているように見える。

美容と健康は同じ意味である

私はこれまで、多くの女性が美容に取り組むのは、美容によって外見を向上させ、周囲から一目置かれる存在になることが目的だと思っていた。美容は単に容姿のみの問題だと考えていたのである。しかし、自分がスキンケアに親しむようになり、女性向け美容雑誌やスタイルブックをまっさらな気持ちで読んだとき、美容には「心身共に快適でストレスがなく、できるだけ健康な状態を維持したい」という側面が大きいことを発見した。美容に取り組む女性は、単に容姿をよくしたいわけではなく、健康でありたい気持ちを強く持っている。

美しさを求める気持ちと、健康でありたい気持ちはとても似通っていて、ほとんど区別できないくらいに混じり合っている。私はこの部分にずっと気がついていなかった。見た目さえよければいい、というわけでは決してないのだ。まじめに美容に取り組むと、結局は「どのように健康を維持するか」に行き着くような部分がある。睡眠時間や食生活、ストレスとの向き合い方。ただキレイ、カワイイという状態を求めているのではなく、健康に対する強い意識がある。美容とは、美しさと健康の両立であり、自分にとってもっとも快適な状態に近づくことなのだ。

ゆうこす（タレント・実業家）の著書『ゆうこすビューティー最近自分の見た目が好きすぎるかも。になれる本』（KADOKAWA）は、より健康面にフォーカスしたスタイルブックだ。「さよなら、不眠症の私。『眠ってキレイ』が今の基本！」「ホルモンのこと、病気のこと。考えるのは当たり前！」「食べるのが怖い、生理が止まる。そんなダイエットは卒業！」など、健康に関する記事が大きな割合を占める。こうした身体の悩みを抱えているうちは、いくら容姿がよくなっても幸福ではないし、楽しく生きていけないと彼女は語る。まっとうな意見である。スタイルブックは、有名人女性が「自分はいかなる人間か」をファンに向けて表現した本だが、そこでは自分の健康や身体についてのメッセージが欠かせないという点が、私にとっては発見だった。多くの女性読者は、自分の身体とどう付き合うかについてのメッセージを求めている。

「メンタルをきちんと保ちたいなと思うようになり、そのためにも、ちゃんとした食事や運動、そして睡眠をしっかりとろうとライフスタイルを見直しました。そうやって生活の基本を整えると気持ちも整うし、肌もボディもすごくいい感じに」（ゆうこす）。これこそが、美容と健康の渾然一体だと私は思う。スタイルブックでは、こうした文章が読者の共感を誘う。スタイルブックを読むと、つくづく私はこれまで健康やメンタルの調子についてまともに考えてこなかったと痛感するのだ。

そして何より、お風呂に入る時間である。「バスタイムは30分！　分刻みの美容ルーティンを公開」と題された、ゆうこすのお風呂タイムに関する記事を読みながら、「やっぱりお風呂、大事なんだな」と私は思った。田中卓志は普段、何分くらいお風呂に入っているんだろうか。澤部佑が健康を保つために気をつけていることは何だろうか。いつか、田中や澤部のスタイルブックが出版されることを願う私であった。

洗顔と日焼け止め

スキンケアを続けていくうち、最初は地味に思えた洗顔と日焼け止めにも興味が湧いてきた。このふたつをおろそかにしては、肌がキレイにならないと感じていたところだった。洗顔、日焼け止めは、具体的に何がどう効いているのかわかりにくく、やっていてそこまで楽しくないと感じる人も多いだろう。化粧水、乳液、美容液の三ジャンルには、わかりやすく「いまスキンケアしている」「続ければ何かが起こる」という実感、期待感があり、肌の変化もめざましく、新しいアイテムを探すだけでも胸の高まりがあった。一方、洗顔の「汚れを落とすだけ」という単調さや、日焼け止めの「これ以上シミを作らない」保全作業にはあまりときめかない。とはいえ、美容をよく知る人ほど、このふたつのケアは避けて通れないと強調する。私もまた、吉井さんに教えてもらった洗顔の製品で開眼し、良質な洗顔料でていねいに顔を洗えば肌質は変わると確信するようになった。

周囲の男性に訊いてみてわかったのは、思ったより多くの男性が、洗顔料をつけずに水だけで顔を洗っているということだった。身近なところでは私の弟がそうで、普段の洗顔は、シャンプーの泡を使って、髪のついでに顔面も洗っていると言っていた。同じ家庭で育ったわりには、ずいぶんワイルドな男だと思う。また、ひげを剃る際も、シェービングクリームも何もつけずに、いきなり肌にT字カミソリをあてて剃るのだそうだ。「痛くないの?」と訊いてみたが、「あまり考えたことがない」との返事だった。肌に直接カミソリをあてるなんて、考えただけでひりひりしそうだ。他のスキンケア製品とくらべて、派手さに欠ける洗顔と日焼け止め。意外に知らないことが多いこのふたつの作業については、ぜひその重要性を知ってほしい。

洗顔

まず洗顔で大事なのは「こすらない」ことである。顔を洗う際、かつては私も、ごしごしと顔面をこすっていた。顔をしっかり洗っている感じがするからである。男性の多くは、ほとんど無意識のうちに力を入れて顔をこすってしまう傾向があるのではないか。まずはこれを意識して止めてほしいのである。顔の皮膚はそこまで強くないので注意が必要だ。

顔を洗うときは、洗顔料を顔全体にそっと伸ばして、優しくなでるだけでいい。ごしごし禁止。風呂上がりに濡れた顔を拭くときには、タオルを軽く押し当てて水分を吸収させればそれでいい。摩擦を起こさないことが重要だ。美容好きの女性のなかには、お風呂上がりの濡れた顔はほとんど拭かないとおっしゃる方もいるほどで、そのくらい注意深く、肌に生じる摩擦を避けているということを理解してほしい。

汚れをきちんと落とすためにも、洗顔料を使うようにする。水だけで洗顔をしても汚れは落ちにくい。スキンケア前に、洗顔料を使って汚れをしっかり除去し、その後の化粧水や美容液が肌に入りやすくなるような土台作りが必要だ。質のいい洗顔料は驚きの効果が得られる。毛穴に詰まった角栓を取ったり、肌をつるんとした触感に変えたりといった効能を実感しやすい。無理をして高価な製品を買う必要はないが、洗顔料には他のアイテムより少し多めにお金をかけてもいいと思う。

洗顔料には、さまざまな質感の製品がある。多くの男性がイメージするのは、チューブに入ったフォーム状のものだと思うが、それ以外にも数多くの質感を選ぶことができる。石鹸、泡、ジェル、パウダー、クレイ（泥）、炭酸泡、オイル……。ただ顔を洗うだけで、これほどの選択肢があるのかと驚いてしまった。自分の好きな感触を探して選んでみてほしい。朝は泡、夜はパウダーといった使い分けをしてもいいし、各メーカーの製品をくらべてみても楽しい。

また、泡立てネットもよく使用されている。泡立てネットとは、洗顔用の泡をより柔らかくクリーミーにするための道具で、ドラッグストアや百円均一などで購入できる。見た目はみかんを入れる網のような形状だ。顔を洗うのに洗顔料を使うだけでもめんどうなのに、泡を立てるのにわざわざ道具を使うなんて、と思うかもしれないが、そう言わずに一度試してみてほしい。びっくりするほど柔らかい泡を作ることができる。泡立てネットを知ってからというもの、私は普通に顔を洗うのがもったいなく感じて、ネットで泡をふわふわにしてから洗顔しなければ納得できなくなってしまった。百円から二百円程で入手できる、安価な便利アイテムである。

日焼け止め

スキンケアに欠かせないものでありつつ、その重要性をなかなか理解してもらえないのが日焼け止めである。紫外線は一年中降り注いでいるため、三百六十五日、毎朝必ず日焼け止めをつけなくてはならないのだが、男性側からはそんなのはめんどうだという反応が返ってきてしまうことが多い。また、日焼け止めの目標は「シミ予防」「肌質の悪化防止」であり、肌質が改善したりはしないため、向上していく感覚が得られにくいという問題もある。「現状を維持できればＯＫ」なのが日焼け止めで、結果がわかりにくいのだ。日焼け止めは地味な作業で、なかなかやる気が起こらないという難点がある。そこでおすすめしたいのは、プラスの効果が入っている日焼け止めを選ぶ方法である。もっとも便利なのは「オールインワン」といって、化粧水、美容液、乳液、日焼け止めの効能をいっぺんにまとめた製品だ。どんなものぐさ人間でも、これひとつで問題解決。朝、家を出る前にオールインワンを塗るだけでよい。

また、日焼け止めとトーンアップを兼ねた製品もある。これは個人的に大いに推薦したいものだ。トーンアップとは、肌の色合いを明るく、健康的に見せる効果を指し、メイクの「下地」に近い意味がある。つまりトーンアップとは化粧である。こう説明すると「おい、俺は化粧なんてしないぞ」と拒否反応を示す男性もいるかもしれないが、がまんしてもう少しだけ聞いてほしい。どんな方でも、飲みすぎた翌日であるとか、寝不足の日など、顔色の悪さが気になるタイミングがあると思う。そんな日に、トーンアップできる日焼け止めをつけていけば、顔色がぐっとヘルシーに見える。まるで「昨日は八時間半ほどぐっすり眠りました」と言わんばかりの明るい肌ツヤが一瞬で手に入るのだ。これを使わない手はない。

日焼け止めもできて、さらには顔色もよくなってしまう、そんな製品が多数揃っているのだから、ここは躊躇《ちゅうちょ》せずに挑戦してみよう。トーンアップ下地を塗って会社へ行くのに抵抗を感じる男性もいるかもしれない。下地を塗るにも、加減を間違えるとやりすぎになってしまうかも、と不安な方もいるだろう。しかし一度使えば慣れるものだし、顔色の変化は気分がよくなること確実なので、そこまで悩む必要はないと思う。また同時にぜひお願いしたいのが、日傘の使用である。私はつねに日傘を持ち歩いて、必要があれば即座に使っている。夏の時期は日差しも本当に強いし、熱中症にもなりやすい。ここ数年、小型の扇風機を持ち歩いている方を見かけるが、日傘を差した方が体感温度は確実に下がる。「日光にあたるとメラニン色素が生成されて、シミの原因となり……」といったややこしい話は省くが、肌にはたいへんな負担になる。多くの男性には「日傘を差したら負け」という謎の意地があるが、そのようなガッツは何の役にも立たない。夏の日差しの過酷さを前にして、勝ちも負けもないので、健康のためにも早めに日傘を導入してほしい。もちろん熱中症対策としても有効だ。

私はもともと強い日差しが苦手だったため、日傘に関してはあまり抵抗がなかった。日傘がないと外を歩くのがしんどく、恥ずかしいと感じる余裕もなかったのだ。当初は安価な日傘を使っていたが、やがてアウトドアのメーカーが作っている、日光の遮へい率が高いものに切り替えて、さらに快適度が増した。私は日傘が大好きである。なかには「完全遮光」といって、UVカット率が百パーセントの製品もあるが、値段もそれなりに高くなってしまう。まずは千円程度で入手できるベーシックな日傘で充分だろう。日焼け止めと熱中症対策が同時にできる有効な手段、ぜひ始めてほしい。

美容をするのに理由は必要だろうか

キレイになってどうするのだ

スキンケアに躊躇した経験から、「なぜ美容をするのか」という悩みは男性に特有なのだと思い込んでいた。私自身、スキンケアに対する興味・関心は深まっていくもののの、「どうして自分は美容をするのか」についての答えはまだ出ていなかった。いまよりキレイになりたいからだろうか？　それは事実だが、「キレイになってどうする」と言われると答えに困る。キレイの先に何があるのか。女性にチヤホヤされたいとか、ビジネスパーソンとして成功したいといった計算からではない。ただ、スキンケアをすると気分がいいからそうしているだけだ。肌の手入れが日々の習慣となったことが嬉しく、楽しみのひとつであり、精神的にもいい影響をもたらしていることは確かなのだが、周囲から「なぜスキンケアをするのか」と訊かれたとして、うまく答えられる自信がなかった。

当初私は、女性にとって美容とはあらかじめ身近なものであり、始める際にこれといった戸惑いや疑問はないものだと決めつけてしまっていた。スキンケアやメイクをしたところで、周囲にからかわれたり、偏見を持たれたりもしなさそうに見えた。「女性は何の気兼ねもなく、ごく自然に美容が始められる。うらやましい」などと考えていたのである。スキンケア製品を買うにあたって感じた恥ずかしさ、周囲に自意識過剰な変わり者だと思われたくないという不安は、男性だけが感じるものであり、女性には存在しないのではないかと思っていたのだ。しかし、こうした私の先入観は間違いであったと、実際に美容を始めてみてわかった。「なぜ美容をするのか」という問いは、女性にとっても重要であり、場合によっては乗り越えなくてはならない壁として存在しているようなのだ。

テレビドラマ化されて話題になった美容本、劇団雌猫『だから私はメイクする』（柏書房）は、そこまで美容に興味がなかった女性、オタク気質の女性など、さまざまな女性にとっての美容がテーマだ。本のタイトルからもわかるように、なぜ自分はメイクをするのか、その理由をとらえ直すところからこの本は始まる。たとえ女性であっても、メイクをするのは自然でも当たり前でもない。なぜメイクをするのか、美容との向き合い方について考え、自分なりに定義し直すための本なのだ。

『だから私はメイクする』の前書きには、「自分がメイクやおしゃれをすることは、『他人の要求に適《かな》った自分になること』に思えて、どこか敬遠していたのです」とある。これはとても大切な言葉だと思う。女性の立場からすると、高校生までは化粧を禁止されていたのに、大学や会社へ入ると突然メイクがマナーになっているのだから、その変化に困惑してしまうのも当然だろう。「やらされている感覚」が生じてしまうというのは、たしかにあり得ることだと思った。メイクは楽しいことかもしれないが、強制的にやらされるのはキツい。「女の格好はかくあるべし、モテたいなら美しくなれという規範を押し売ってくる雑誌や広告を目にし続けて、よそおうことそのものへの苦手意識が根付いてしまった人もいるでしょう」。これではせっかくのメイクも嫌いになってしまいそうだ。

美容ライターの長田杏奈は、『美容は自尊心の筋トレ』という著書のタイトル通り、美容は自尊心の向上のために必要だと書いている。「女の人の健やかな自尊心を鍛えるために、美容ができることはとても多い。自分を愛して表現するということを肌身で覚え習慣づけることができるし、自らをやさしく扱って心地よい姿に整えることは、日々を気分よく過ごす手助けになる」。本当にその通りだと思った。まさに私も、そうしたいのである。美容の目的というと、イコール周囲からの評価と考えがちである。しかし、自分を大切にするために必要な作業だというのは、私自身がスキンケアを経験してみて、明確に同意できることだ。「私は、女性が健全な自尊心を育むことができたら、世界はよりよく変わると本気で信じている」という言葉にも賛成である。とはいえ男性の場合、必要以上に自尊心ばかり高い人が多く、これ以上の自尊心はいらないというか、代わりに謙虚さの筋トレを始めた方がいいのではと思うケースも見られるのだけれど……。

美容に関する本を読んでみて、女性は女性として、スキンケアやコスメとの適切な距離感を見つけるための試行錯誤があるのだな、と納得した私である。メイクする自分にしっくりこなかったり、せっかくのメイクに心ない言葉をぶつけられて落ち込んだりといった経験から、いっそのこと化粧なんて止めてやる、とやけっぱちな気持ちになった方もいるだろう。むしろ女性こそ、自分はなぜ美容をするのかについて深く考えているかもしれないし、しっくりくる言葉を探しているのではないか、という気がした。何だか、先入観だけで「女性は当然美容をするもの」と決めつけてしまって申し訳ない、という気持ちになった。男性も女性も、自分と美容との距離感やその意味について考えたり、自分が美容をするのはこんな理由なのだ、とみずからを納得させたりする作業が必要なのではないか。

では、私はなぜスキンケアをするのか。当初は「父親似の容姿になるのが嫌だ」という、切実きわまりない理由でスタートしたことは事実であり、いまも変わらないのだが、しだいにその理由は「昨日の自分より少しよくなれるから」なのではないか、という気がしてきていた。まわりを見まわせば、しゅっとした男性、かわいらしい女性はたくさんいる。インスタグラムを開くと飛び出してくる、美しい男女の写真や動画に目がくらむ。ちょっと信じられないくらいに整っている。どんなからくりで、ここまで美しくなれるのか。それにくらべたら、私は……。しかし、くらべてはいけないのである。勝てるわけがないのだから。比較をしたって、嫌な気持ちになるだけだ。私がくらべるべきなのは、昨日の自分であり、一ヶ月前の自分なのだ。

昨日の自分よりはきっとよくなれる。カツ丼やカレーライスの誘惑を断ち切り、ジムで運動してから豆腐サラダを食べる。お風呂上がりにスキンケアをしてから早めに寝る。そうすれば翌朝の私は、昨日より確実に、ほんの少しだけよくなっている。それは微々たる変化かもしれないが、その「微々たる変化」を察知できるのも、私だけだ。他の人からは絶対にわからないけれど、私がわかっているのだから、それでいいのである。ちょっとだけ、肌がキレイになった。それは保湿をしてるから。ワイシャツを着たとき、シルエットがキレイに出るようになった。大胸筋を鍛える筋トレをしたから。この「少しだけ」を積み上げていくのが、私は好きなのだ。そう思えるようになったのは、美容を始めたからなのだった。

3章

そして美容の深みへ……

美容家ってナニ？

美容家とはどんな職業なのか

美容について調べていくなかで出会ったのが、美容家という存在である。男性のみなさんは、美容家をご存じだろうか。私はまったく知らなかった。どんな職業なのか想像しにくい、耳慣れない肩書きだ。どんな仕事なのだろうか。一般的に、職業に「家」とつくのはすごい人と相場が決まっている。小説家。書道家。画家。どれも余人を持って代えがたい人物のみに与えられる肩書きである。陶芸家なら、作務衣《さむえ》を着た姿だって奥田民生以上に似合うかもしれない。

そして、美容の世界には美容家がいる。美容のプロフェッショナル。深い知識と経験に裏打ちされた、美容情報の発信源。同時に、みずからが圧倒的な美を体現し、被写体としてもひときわ輝く容姿を誇るタレント的側面もある。美容家は、コスメ・スキンケア業界の中心にいる存在だ。心技体が揃ってようやく得られる美容家の称号。美容雑誌で連載し、化粧品メーカーがこぞって広告やタイアップを依頼し、彼女らが推薦した化粧品はあっという間に売り切れる。多くの女性が憧れ、応援する人気者。こうした、ある種のスターシステムが美容業界には存在していた。まさに未知の世界である。そこまでの人気を誇る美容家とはどんな人たちなのか。私は、美容家という存在にとても興味を持った。一般的な中年男性は、美容家がどういった人物かなど知らずに生きているものである。美容家とはいったい何なのか？

美容雑誌にはさまざまな肩書きを持つ人が登場する。タレントやモデルといった芸能人。美容ライター。化粧品研究者や皮膚科医といった専門職。メーカー広報。インフルエンサーや読者モデル。しかし、こういった肩書きのなかにあっても、美容家の重みはまるで違う。美容家が出てくれば、誰もがひれふすしかないのである。なぜ美容家の称号は最強なのかと考えたのだが、何より「自称できないから」だと私は思う。私自身、名乗ろうと思えば今日から美容ライターを名乗れる（そう書かれた名刺を刷ればいいだけだ)。他の肩書きについても、とりあえず自称してしまえば、あとから結果がついてくるような部分がある。しかし、美容家だけはみずから名乗るだけでは成立しないのだ。周囲がその実力や存在感、本人の周囲にただようオーラ的な何かを認め、「そろそろ美容家を名乗ってもよかろう」と認めたところでその肩書きがオフィシャルに与えられるという、横綱審議委員会みたいな制度がある。まわりからの推挙が欠かせないのだ。美容雑誌は、そうかんたんに美容家の称号を認めない。

私なりに研究した結果、美容家のもっとも重要な役割とは、「なぜ美容をするのか」「美容は何のためにあるのか」という問いに対して、人びとの心に響く言葉を発信することだと思う。「まさに美容とはそのためにあるのだ!」と多くの人が共感したとき、ついに美容家としての道が開かれる。この強い共感を生み出せるかどうかに、美容家としての手腕がかかっているのではないだろうか。いっけん、容姿やタレント性、マーケットでの影響力ばかりが重要視されているかのようでいて、実際にはどれだけしっかりした主張を持っているかが問われる。美容家には「イズム」が必要だ。そこがおもしろいと思った。

そのため、美容家は著書を出していなければいけないというのが私の持論である。

いかに影響力があっても、美容に関する著書を出していないのであれば、美容家ではない。何だか「修士論文を書かないと博士号がもらえない」みたいな話だが、美容家にはみずからのメッセージを綴った著書が絶対に必要なのだ。たとえば田中みな実（フリーアナウンサー・俳優）には途方もない影響力があり、美容に関する発言にも説得力があるが、まだ美容をテーマにした著書はない。本人にその気があるかどうかは別として、美容家になる準備はまだ整っていないといえる。今後、田中が美容に関する著書を出したときこそ、彼女が美容家となるタイミングではないかと思っている。あっ、急に話が逸れて、誰にもまったく頼まれていない、美容家・田中みな実のキャリア形成について熱く語ってしまった。余計なお世話であった。

いま、美容雑誌を席巻している人気美容家といえば、神崎恵と石井美保のふたりである。彼女らの露出度、影響力、信頼性は驚くほど高い。その理由を知りたいと思った。何がそれほどに、多くの女性読者を惹きつけるのか。たしかにふたりともたいへん美しい容姿だが、支持される理由はそれだけではないはずだ。そこで私は、彼女らの著書を読み、美容雑誌の記事を調べることで、美容家とは何かを学ぼうと試みたのである。いったい何が書いてあるのか。なぜ多くの女性は、神崎や石井がオススメする化粧品は何かを知りたいと思うのか。

ふたりの本を手に入れ、読み終えた私は、すっかり彼女たちのファンになっていた。何て最高な本なのだ！　まさに美容業界のロックスター。このように率直な言葉が綴られた著書を読めば、応援したくなるに決まっているではないか。神崎恵の愛用コスメなら、きっと私も買ってしまう。石井美保のオススメする美容メソッドなら、私も試してみたくなる。

本を読むことでコスメやスキンケアの知識が増える楽しみもあるが、「美容と人生」という大きなテーマに広がっていくのが実にいい。美容が人生を変えるほど大きな契機になった経験が、神崎や石井のドラマ性につながっている。人をキレイにしたい、美容に関わって生きていきたい、という気持ちが、人生に大きく影響し、生き方をダイナミックに変えていくという物語が心を打つ。ここでは私なりに、ふたりの美容家がどのような人物なのかについて勉強した成果を報告してみたい。

神崎恵　全力でしか生きられない、全身美容家

美容家・神崎恵は、美容雑誌を開けば必ずその姿を目にするほど人気が高く、ファッショナブルなイメージの女性だ。しかし実際の彼女は、目標へ向かって猪突猛進し、逆境をはねかえす行動力のある人物として知られている。二十八歳で離婚し、ふたりの子どもを抱えたシングルマザーという立場からキャリアをスタートさせた神崎は、GAPのパート店員から、日本を代表する美容家にまで上り詰めた苦労人だ。彼女の人生は、レンタルビデオ店員から世界的名監督に成り上がったクエンティン・タランティーノもびっくりのサクセスストーリーである。子育て雑誌の読者モデルから始まり、地道なチャレンジの連続を経て美容家へ。生きる苦労を赤裸々に綴った彼女の言葉はどれも飾りがなく、読者の心へ響くものばかりだ。「1日は、どうして24時間しかないのだろう?」と苦悩する神崎は、日々をつねに全力で生きる女性であり、全身がエネルギーのかたまりのような人物である。私は、その燃えるようなパワーにすっかり参ってしまった。

「お金がない。お金を生む仕事がない。こんなに恐怖なことはなかった。一般的に、

離婚した元夫が養育費を払うのは、たった2割以下ともいわれる現実。女1人で子どもを育てていくことがどれだけ過酷かを痛感しました」と神崎は書く。オシャレなイメージがある美容家だが、こうした逆境を率直に語るのが意外だった。「養育費も一切なかった」という状況で、すべてを自分で稼がなくてはならなかった神崎。これからどうやって食べていけばいいのかという不安と恐怖に押しつぶされそうになる気持ちもよくわかる。「自分の道が見つからない。自分を変えたい、変わりたいのに変われない」という彼女は、美容の勉強ばかりか、宅建や簿記の勉強までしながら、生きていくため必死にもがく。このリアルさ、がむしゃらさが美容家としての説得力につながっているのだと思う。

「結婚するにも、出産するにも、1人で生きていくにも、女には相当な覚悟がいります」「女性は生きていくなかで、ときに自分が誰かの脇役だと感じることがあります」『いつか見てろ』言葉は悪いけれど、わたしはこの言葉が好きです」など、神崎語録には読者を奮い立たせるワードが多いが、何より感動したのは、仕事で家をあけがちな彼女が、留守番する子どもから「今日は何時に帰ってくる?」と訊かれ、こう決意するくだりだ。

「こんなに寂しい思いをさせているのだから、絶対に、なんとしてもお金をもって帰ってこよう」

いいぞ神崎、その意気だ！　思わず心の拳を振り上げてしまった熱いエピソードである。たくさんの女性をキレイにする仕事をしたい、と決意した彼女が、迷いを振り切って美容の道を邁進していく姿は、「なぜ私は美容をするのか」という問いに身をもって出した答えである。「キレイとは見た目のことではなく、自分の生きたい道を進むための大きな力」という意見に賛同した私だ。これぞ美容家。彼女の本を読みながら「だからこそ、これほどに支持されるのだ」と深く納得したのだった。

石井美保　ユーモアと優しさで加齢に向き合う

石井美保は、みずみずしく美しい容姿を保ち続ける四十代の人気美容家だ。コスメ・スキンケア以外にも、マッサージや食事、健康法、ヘアケアなどに詳しく、豊富な知識で知られている。「みずからが美を体現する」という美容家らしい有言実行も人気の秘訣だが、彼女の著書からは、誰もが絶対に避けられない「老い」とどう向き合うかが語られ、「あれほどに美しい人でも、やはり衰えを感じるものなのか」と意外に思うこと必至だ。容姿の悩みなどあまりなさそうに見えるが、身体の変化は誰にでも必ず起こってしまうものである。どのように年齢を重ねていくかは難しい問題だが、「40代を迎えた新しい自分がもっと楽しく幸せになれる方法」は何かと問う石井は、ポジティブに美容と向き合っていこうとする。その姿勢に共感したのだった。

とはいえ、年齢を重ねた石井が感じた衰えは、むしろユーモラスに、思わず笑ってしまうような明るさで語られる。そこがいい。これだけ豊富な「四十代あるある」なら、美容漫談で営業の仕事も取れそうな気がする。「まさかと思うかもしれませんが、40代は首にイボができます」「(アムラー世代は眉毛を)抜き過ぎたせいで、もう眉が生えてこない」「30代は下り坂、40代は崖」「(ケガをすると傷跡が)本当に〝消えない〟のです」など、気取らずに美容を語るあけっぴろげな姿勢に好感が持てる。わけても、「太っても老ける、痩せても老ける、という八方ふさがりの状態になるのが40代」という指摘には、私自身「本当にそうなんだよなァ……」と頭を抱えてしまった。痩せれば快活に見えるだろうとジム通いに精を出すと、貧相でエネルギーの不足した中年男性にしか見えなくなるというジレンマ。「何かの病気ですか」などと言われると本当にがっくりくる。ダイエットしたんです！　まさに八方ふさがり。

また、四十代になると顔の肉がたるんで、こめかみが落ちてくるという話も味わい深く、胸に迫るものがある。「〝こめかみが落ちる〟なんて、若いときに想像したこと、ありましたか？」。石井の心の叫びである。思いもよらない視点が次々に飛び出してくる彼女の著書は、決して暗いトーンにならず、前向きに美容を楽しみ、年齢に合った美容のあり方を見つけようというポジティブさが魅力だ。誰しも老いていくことは避けられない。できれば、いつまでも若々しくありたいと思うが、だからといって「時を止める」ような強引な若作りが美容の正解なのかといえば、それはそれで不自然な気がする。ではどうすれば……。そうかんたんに答えの出ない「老いと美容」について、「まだ模索中」だと迷いながらも自分なりの答えを見つけようとする石井の姿勢が、美容家としての人気と支持につながっているのだろう。

また、石井の才能を感じるのは、独特の言語センス、アイデア豊富なキャッチフレーズにある。スキンケアと顔面マッサージを組み合わせた美容法「肌アイロン」。年齢と共に顔面の肉がやわらかくなり、ハリを失っていく状態を指す「やわやわ化」。また、笑顔の表情筋を顔に覚え込ませる顔面エクササイズ「にっこり固め」のネーミングもすばらしい。「四十代は真顔が怖い」と気づいた石井は、周囲に好印象を与える笑顔を表情筋に記憶させてしまいましょうと提案する。そこで「にっこり固め」の登場である。いいなあ、「にっこり固め」。きっと石井は、仕事用のノートに浮かんだアイデアをメモしているのだろうし、そのノートにアイデアを書き溜めていき、いくつかの候補から最終的に「にっこり固め」にたどり着いたのではと想像するのだ。

よりよく生きるための指針

こうして神崎恵、石井美保の仕事を見ていくと、ふたりとも「なぜ美容をするのか」について、読者の心に伝わるメッセージを発信していることがわかる。どのような逆境にあっても、希望を持って生き抜くため。老いの不安を感じながら、それでも心地よく、自分を好きでいるため。彼女らの存在は、下の世代にとってのロールモデルでもあり、いっけん美容について語っているようで、実は「この社会で女性が生きていくこと」全般について語っているように思うのだ。美容家とは決して、オススメのコスメ製品を紹介したり、美しいメイクの方法を伝授するだけの存在ではない（それはそれで大事な役割なのだが）。よりよく生きるための指針として美容があり、多くの女性はそうした言葉を聞きたがっているのだと、ふたりの著書を読んで再確認した。

石井もまた、神崎同様に離婚歴があり、子育てをしながら美容の仕事に邁進し、美容家になったという過去を持つ。責任を背負い、生きていくために稼がなくてはならない状況で、美容が未来を切り開く役割を担っていた点でも共通している。美容を始めてみて、単に見た目をキレイにするだけではない何かがあると感じていたが、美容家について調べたことで、その直感は正しかったことがわかった。美容について考えていくと、結果的には「なぜ生きていく上で美容が必要か」という、より根元的な問いにたどり着く。だからこそ、しっかりと届く言葉を持つ美容家が必要とされているのだ。

●神崎恵　美容本おすすめブックガイド

神崎の著書は三十冊以上あり、そのすべてを読み切れたわけではないが、内容的にはおおまかに三種類のジャンルに分類される。

・美容テクニック……メイクの方法、スキンケアなどの技術面を中心としたもの。エイジングケア含む。
・恋愛と美容……異性に振り向かれるためのメイク。恋愛指南。
・人生論……生きていく上での不安、悩み。神崎本人のスタイルブック的な側面も。

どのジャンルの著書も、神崎ならではのアイデアが満載だ。本人も「やっと自分を解放できた」と語る初期の名著『**読むだけで思わず二度見される美人になれる**』（ＫＡＤＯＫＡＷＡ／中経出版）、通称「おもにど」は、ファン必携とされる一冊。恋愛メソッドと美容をやんちゃに融合させた視点が光る。一方、個人的に惹かれたのは、圧倒的に人生論だった。本文中で引用したのは『**わたしを幸せにする41のルール**』（廣済堂出版）、『**神崎メソッド　自分らしく揺らがない生き方**』（講談社）からで、いずれも神崎の熱い生き様が堪能できる人生論が魅力。読むとエネルギーが充塡される好著ばかりだ。

●石井美保　美容本おすすめブックガイド

石井はエイジングケアに特化した著書を集中的に出している。テーマとして強く意識しているのだろう。なかでも、もっとも石井らしく、からっとした明るさのある一冊といえば、『**大人美論**』（宝島社）ではないか。本文中でも引用させてもらった『大人美論』には、石井のさりげないユーモア感覚が満ちている。同様に『**きれいな人には理由がある　石井美保の「オトナ美肌」のつくり方**』（扶桑社）や、『**石井美保のBeauty Style**』（宝島社）といった著書でも、年齢に応じたメイク、スキンケアに関するアドバイスをおこなっている。どの本にも、気負わずに美容を楽しむ姿勢、そこはかとない笑いのセンスが感じられ、読んでいて好感が持てる著書だ。

美容雑誌を読みくらべる

美容雑誌というジャンルがある

女性向け美容雑誌がどのようなものか、知っている男性は少ないと思う。ファッション雑誌とは別に、美容雑誌というジャンルの出版物があり、多くの雑誌が刊行されているのをご存じだろうか。私自身、スキンケアを始めるまではまったく触れずにいた分野であり、一度も買ったことがなかった。メイク、スキンケアに特化した雑誌は、書店でも目立つ場所に置かれる人気ジャンルだ。美容を学ぶためにこれらを読み始めた私は、すっかり美容雑誌にハマってしまったのである。こんなにキラキラとした、楽しい世界があるとは……。

美容の世界をもっとよく知りたい。その一員になりたい。私は必要以上に旺盛な向

雑誌名	出版社	対象年齢
美的	小学館	20代〜30代
MAQUIA	集英社	
VOCE	講談社	
&ROSY	宝島社	30代〜40代
美ST	光文社	40代〜50代
LDK the Beauty	普遊舎	なし
up PLUS	アップマガジン	20代

学心があるため、毎月七誌（隔月刊一誌を含む）の美容雑誌を買って読み、美容の理解を深めていった。

これらの雑誌は、発売日が毎月二十二日頃に集中しているのだが、しだいに二十二日が近づくにつれて「そろそろだな」と待ち遠しく思うようになった。ああ、早く『VOCE』が読みたい、『MAQUIA』が読みたい。ここまで美容雑誌を読み込む中年男性はなかなかいないと思う。美容業界の関係者を除けば、私はいま、ことによると日本でいちばん美容雑誌をよく読んでいる中年サラリーマンかもしれない。

美容雑誌にはいったい何が書いてあるのか。主な読者である女性は、美容雑誌からどのようなメッセージを受け取っているのか？　そこには美容の秘密が隠されているに違いないと踏んだ私は、毎月大量の美容雑誌を買い込んでは、たんねんに読み、美容について学んでいった。やがて近所の書店員にも「毎月必ず美容雑誌をまとめ買いする人」として認識され、「今月もありがとうございます」と声をかけられるようになった。

七誌の美容雑誌を読み続けるといったい何がわかるのか、勉強の成果をここで披露させてほしい。多くの男性にとって未知の世界である美容雑誌とはどんなものか、雰囲気だけでもつかんでもらいたいと思う。私自身、これまで知らなかったあれこれがよくわかる、とても貴重な体験であった。

女性向け美容雑誌は基本的に、ファッション誌と同様、読者の年齢層を想定した編集をしている。二十代から三十代向け、三十代から四十代向け、四十代から五十代向けというように、それぞれの雑誌ごとに大まかな対象年齢があるのだ。読者は自分の年齢に合った雑誌を選んで読むのが一般的だ（実際はそこまで厳密に区切られているわけではないので、単に好きな雑誌を選ぶ方も多い）。美容は、年齢ごとにケアの内容や使う製品の種類が異なってくるので、年齢で区切った方が誌面を作りやすいのだろう。

また、読者層と同年代の有名人やタレントのインタビューが掲載されることが多く

（四十代から五十代向けの『美ＳＴ』では、吉瀬美智子や松嶋菜々子が表紙になる）、同年代の女性の言葉を聞きたいという読者のニーズにも合致している。

付録と健康記事

美容雑誌は付録がとても重要なジャンルである。各誌、付録にはかなり力を入れており、毎号これでもかという量のおまけがついてくる。これが電子書籍ではなく紙の雑誌を買う理由にもなっているのだ。付録は、新しいコスメやスキンケア製品のサンプルが中心。話題の新製品を気軽に試せるので、そこで気に入ったアイテムを買うという目的でも美容雑誌は利用できる。毎号、たくさんの付録がついてくるのが読者の大きな楽しみであり、私のように七誌も買っていると、付録だけでも大量になり、次の月までのスキンケアを付録のみで乗り切れてしまうのではないかという数のサンプルが手に入る。なかには、シャネルのようなハイブランドの美容液といった豪華な付録をつけてくる雑誌もあり、各誌が激しい付録競争を繰り広げている状態だ。購入する美容雑誌を付録で決める読者も多いのではないだろうか。私はこれらの付録もすべて実際に使用し、メーカーごとの製品の特徴についてもいろいろと知ることができた。美容業界がサンプルを重要視することは先に書いたけれど、数多く発売される新製品のサンプルを試せる美容雑誌は、化粧品メーカー的には販促のチャンスでもある。美容雑誌と化粧品メーカーは、かなり密接な関係性にあるのだ。

もうひとつ重要なのは、健康記事の多さである。美容雑誌は、雑誌ごとに差はあるものの、美容記事七割、健康記事三割といった比率で成立している。これだけ多くの健康記事が掲載されているのは、当然ながら読者の需要があるからだ。これも個人的には発見のひとつだった。多くの女性は健康にとても関心がある。『VOCE』で連載をしている蛯原友里は「キレイの大前提は健康であること」と書いている。この言葉は大切なので、ぜひ引用しておきたい。美容にはかなり大きな比率で「健康であること」が含まれている。不眠に悩んだり、身体が冷えたり、自律神経が乱れたりしているうちは、キレイになれたとは言えない。そうしたマイナス要素をいかに取り除いていくかが、美容雑誌のテーマになっている。

ああ健康。私がこれまでほとんど気にせず、ほとんどどうでもいいと思っていたこと。私は何より、女性向け美容雑誌がこうして健康に関する記事を数多く載せて、読者の健康に関するメッセージを発していることに驚いたのだった。ひとりの読者としても、どんな健康記事が載っているかは興味があったし、「なるほど、女性にはこんな身体の不調があって、こんな風に悩んでいるのか」という発見にもつながった。

たとえば肝斑《かんぱん》という症状。三十代から四十代にかけて顔面にできるシミの一種で、治療が必要になるのは女性が大半である。私はこれまで肝斑が何かを知らなかったし、この症状に悩む三十代以降の女性がいるなど考えもしなかった。男性で肝斑が何かを知っている人は比較的少ないと思う。ところがスキンケアを始めてみると、肝斑という言葉が目につくようになる。多くの男性が知らないだけで、女性は肝斑に悩み、改善効果のあるトラネキサム酸の内服薬を飲むなどの方法で対処している。肝斑は切実な問題なのだ。それを知っただけで、世界が広がったように感じた。美容雑誌を読みながら「自分は何も知らなかった」と感じる体験が何度もあったように思う。

では、それぞれの美容雑誌の特徴について語っていきたい。私が読んでいた美容雑誌七誌は、一誌を除いて月刊で、価格はおよそ九百円が平均。雑誌のサイズは主にA

4変という大きめのもので、書店でもよく目立つ。付録が雑誌本体にヒモでくくられていて、店頭で見かけたことのある方も多いだろう。また、どの美容雑誌も必ずキャッチコピーがあるのが共通している。表紙の左上に書かれているキャッチコピーは雑誌の目指す方向性を示しているので、こちらに注目することで、雑誌ごとのカラーがつかみやすくなる。表紙は女性タレントの顔写真がほとんどだが、男性タレント（人気アイドル、俳優など）が飾ることもある。また年に二度、ベストコスメという企画をするのも美容雑誌の特徴で、この企画は非常に人気がある。上半期（六月）、下半期（十二月）にそれぞれ、その期間に新しく発売された製品でどれがよかったかを投票してもらいランキングにするのだ。略して「ベスコス」と呼ばれている。

くわえて、これは一見些細なことだがどうしても書いておきたい発見があり、お伝えさせてほしい。美容雑誌は「○○っぽい」という表現をする際、「い」を抜いて「○○っぽ」と表記する習慣がある。「色っぽメイク」「艶っぽヘア」「今っぽリップ」など、最後の「い」を抜くことでふわっとした雰囲気を出そうとするのだ。どの美容雑誌にも共通して見られた傾向であり、「い」抜きが基本、「○○っぽ」が主流であることをお伝えしたい。これは重要な情報なのだ。

『美的』

小学館／二〇〇一年創刊／対象年齢　二十代〜三十代
キャッチコピー　「肌・心・体」のキレイは自分で磨く

現在、もっとも売れている美容雑誌が『美的』である。美容雑誌のトップランナーらしい王道のビジュアルや誌面作りが魅力だ。美しく撮られた女性モデルの写真、コスメ・スキンケアの新製品がふんだんに登場するキラキラした誌面は、美容雑誌らしい「ハレの感覚」に満ちている。「ああ、いま私は美容雑誌を読んでいる！」という高揚感を得たいのであれば、『美的』はうってつけだ。まさに毎号が美容フェス。私のような美容の素人であっても、『美的』が美容雑誌のナンバーワンになるのは理解できる。なにしろ美しく、見ているだけで楽しいのだ。

女性がもっともキレイに輝く瞬間を収めた写真の数々。また、コスメ製品はパッケージのデザインも凝っていて美しいモノが多く、ページをめくるごとにあらわれる色とりどりのコスメに胸が躍ること請け合いである。読むというよりは、ページをめくりながら目で楽しむ、グラビアの要素も強い。初めて美容雑誌を手に取るのであれば、まずは『美的』を選んでみてほしい。私自身、『美的』の高揚感あふれる誌面作り、「みんなでキレイになろうよ！」と読者に呼びかけるかのようなポジティブな構成に心が弾んだものだった。

「『肌・心・体』のキレイは自分で磨く」のキャッチコピー通り、健康やメンタルに関する記事が多いのも『美的』の特徴だ。睡眠不足やドライアイ、子宮頸がんの予防に関する記事など、健康面の記事も充実している。美容と健康を分けて考えることはできない、という『美的』の編集方針は何より、こうした記事の方向性にあらわれているのだ。これは大切なことだ。私自身は身体の冷えに悩んだことはないが、低体温に関する記事などはとても参考になった。

食事のレシピも『美的』が力を入れている記事のひとつで、たんぱく質を摂れるスープのレシピ、「体ととのうみそ汁習慣」といった、健康的なメニューの紹介も、他誌にはあまりない特徴である。読めば美しく、健康になる美容雑誌。連載も充実しており、石井美保、宇垣美里といった書き手の人気連載を抱えている。

『ＭＡＱＵＩＡ』
集英社／二〇〇四年創刊／対象年齢　二十代〜三十代
キャッチコピー　「願望実現ビューティ」マキア

『美的』が王道の美しさ、かわいらしさを追求した雑誌だとすれば、『ＭＡＱＵＩＡ』はより個性を重視した美容を提案しているように思う。掲載されている写真もスタイリッシュなイメージが強くなり、モデルの髪型やファッションも個性的だ。どちらを選ぶかは読者の好みになるが、『ＭＡＱＵＩＡ』の「無難すぎず、尖りすぎず」というバランスのよさは魅力である。雑誌全体から感じられる、オシャレで華やかな雰囲気が嬉しい。美容雑誌を読むいちばんの楽しみである「ハレの感覚」は、『ＭＡＱＵＩＡ』でも充分味わうことができる。ページをめくるたびに、ステキな女性と鮮やかなコスメが乱れ打ちのように登場する誌面は、実に楽しいものだ。

「願望実現ビューティ」のキャッチコピーにある通り、なりたい自分をデザインするという積極性が『ＭＡＱＵＩＡ』の特徴だ。「そろそろ〝攻め美容〟にシフト！」（二〇二二年十二月号）などの特集にも、アクティブな姿勢が感じられる。女性のメイクがどういうものか知識ゼロだった私だが、毎月のように美容雑誌を読んでいると、しだいに知識がついていった。「色づかいで少し冒険してみる」といった感覚が、『MAQUIA』を毎月読むことによって理解できるようになってくる。また、健康記事では、筋トレやストレッチといったトレーニング系の紹介が多い印象を受けた。願望実現ビューティを謳うだけあり、より積極的なボディメイクが紹介されているのだ。『MAQUIA』の目玉企画は「100問100答」。ある美容テーマ（たとえば落ちないメイク）に沿って美容知識を深めていく記事で、こうした記事で理解度が高まっていくのは楽しかった。メイクは習得が難しく、トレンドの変化に合わせて勉強し続けないとうまくいかない部分がある。「100問100答」のような記事からは、美容に対する読者の高い学習意欲を感じた。また、男性美容を取り上げている点は非常に嬉しい。「我が家の男子をキレイにしたい！」（二〇二二年五月号）は、恋人や配偶者の容姿を向上させようという楽しい企画で、スキンケアを中心とした美容をどのように男性に習慣化してもらうかを紹介している。こういった企画には勇気づけられる。ありがとう、『MAQUIA』。同記事にあるように、男性は「面倒くさい」を言いがちなのだ。こうした男性美容の啓蒙記事は嬉しいし、ぜひ続けていってほしいものである。神崎恵の連載「神崎恵の恋させる瞬間 美容劇場 きゅん♡を誘う女になる」も愛読している。タイトルがいい。『MAQUIA』読者はみな、美容劇場の主役だ。これを読めば、私も「きゅん♡を誘う」中年男性になれるはずだと信じている。

『VOCE』
講談社／一九九八年創刊／対象年齢 二十代〜三十代
キャッチコピー キレイになるって、面白い！

美容雑誌では、『美的』『MAQUIA』『VOCE』が三大誌と言われている。この三誌がどのように差別化しているかと考えると、個人的には「どこまでエッジを効かせるか」ではないかと思っている。誰もが認めるかわいらしさか、自分がなりたい個性的な姿か。思うに三大誌でもっとも尖っており、エッジの効いた美容雑誌が『VOCE』ではないだろうか。たとえば『美的』の写真は、実際にコスメを使用した際のイメージが伝わることを考えたシンプルな撮り方に見えるが、『VOCE』の写真はビジュアル的なインパクトをより重視する傾向があると感じた。『VOCE』は、眺めていて楽しいと思わせる、自由で刺激的な雰囲気が魅力だ。

「キレイになるって、面白い！」のキャッチコピーは、美容は自分自身の気持ちを盛り上げるものだというポジティブなメッセージである。美容をおもしろがる『VOCE』の姿勢は、たとえば「脳みそバグらせ恋メイク」のようなキャッチコピーのあっけらかんとした明るさによくあらわれていると思う。意中の相手を振り向かせたいなら、必殺メイクで相手の脳をハッキングしてバグらせ、まともな判断力を奪ってしまえばいいという元気いっぱいの強引さが、「キレイ＝面白い」という『VOCE』の編集方針なのではないかと感じたのだった。

製品紹介に出てくる独特のワードセンスもおもしろい。「うるちゅるグロス」「粘膜ピンク」「しとっと潤む」など、日常会話ではまず出てこない語感に惹かれた。仮に私がコスメ製品を紹介するコピーを考えるとして、「うるちゅる」という言葉を思いつく自信がない。その発想の柔軟さ。「むちつやリップ」のひとことで、言いたいことがきちんと伝わってくるから不思議だ。

また、毎号読み応えのある黒柳徹子の連載など、女性としてのアティチュードを学べる記事も魅力である。黒柳がこれまでどんな人と出会ってきたかを語る連載なのだが、森茉莉、エリザベス女王、マリア・カラス、沢村貞子といったレジェンド級の人物との思い出をさらっと語っていて、思わず目を止めてしまう。さすが黒柳ともなると、交流してきた人物も違うのである。くわえて、インターネットでの発信に力を入れているのも『VOCE』の特徴で、お笑い芸人による男性美容の読み物は意欲的な良企画だ。EXITりんたろー。や、相席スタート山添といった芸人が美容に挑戦していく企画は参考になり、私も愛読している。

『&ROSY』
宝島社／二〇一七年創刊／対象年齢　三十代～四十代
キャッチコピー　大人の品格美容マガジン

個人的に、書店で最新号を手に取るのがいちばん楽しみだった雑誌が『&ROSY』である。今月はいったいどんな付録を用意してくるのか。ここまで付録に力を入れた美容雑誌は他にない。付録つきの雑誌を得意とする宝島社らしい、奇想天外なアイデアが詰まっている。一般的な美容雑誌の定番付録は、コスメ・スキンケア製品のサンプルだが、これはあくまで実用性重視だ。一方『＆ＲＯＳＹ』は、インパクトさえ強ければＯＫという傾向があり、店頭で思わず笑い出してしまうような遊び心が特徴である。「次は何が来るか」という期待感を発売日まで持続させるため、雑誌内に掲載されている「来月の付録予告」をあえて見ないようにがまんするくらい、『＆ＲＯＳＹ』の付録は秀逸なものが多かった。価格は他誌より二百円ほど高いが、これは付録代である。付録の意外性を求めるなら『＆ＲＯＳＹ』はイチオシだ。

『＆ＲＯＳＹ』の付録は二種類に分類できる。ひとつは、トートバッグやコスメポーチといった、定番アイテム。たしかに便利だが、こうした定番アイテムはどこか安定を狙っている感じがして、正直なところそこまで惹かれない。私が好きなのは、数ヶ月に一度ついてくる攻めの付録である。わけても、私が大興奮した二〇二二年七月号付録の「くまで型電動ヘッドスパ」は忘れられないインパクトで、こんなに楽しい付録がついてくる美容雑誌があるのかと、興奮のあまり二冊買いそうになった。私が求めているのは、こういった挑戦的な付録なのだ。

長さ約二十センチの「くまで型電動ヘッドスパ」に電池を入れてスイッチを押すと、くまでの先端部分が振動して頭を刺激する。これで頭皮マッサージをするのだ。この器具のかわいらしいデザインを見ているだけで幸せな気持ちになってくる。もちろん雑誌についている付録だから、そこまで多大なコストをかけられるわけではない。製作費に制限があるなかで、プラスチック製のマッサージ機を付録につけようという心意気に感動するのだ。作るのもたいへんだったろう。私はもちろん電池を買ってきて装塡し、頭皮マッサージもおこなった。ピンク色のかわいらしい小型くまでが、私の頭皮をけなげにマッサージしてくれる感覚は記憶に焼きついている。二〇二二年五月号付録の「電動美顔カッサ」で顔面マッサージもした。また同年十二月号付録の「電動ミニボディケアガン」が、ＵＳＢで電源を取る仕組みだったのには感動した。まずは付録を試すことが大事なのだ。何万円もするマッサージ機と同列で語るのはフェアではなく、そのような比較をしても誰もハッピーにならない。何より私は充分楽しませてもらったのだし、雑誌や付録は楽しむためのものである。

興奮のあまり取り乱してしまった。

『＆ＲＯＳＹ』のコンセプトは、三大誌の読者層からはやや上の年齢に向けた「大人の品格美容マガジン」。三十代以降の女性タレントを表紙に起用し、美容やライフスタイルに関するインタビューが読めるのもいい。和服姿の女性芸能人が出てきたりと、大人のたしなみを記事にしているのも特徴で、コンセプトである「品格」は頻繁に登場してくるワードだ。美容だけでなく、フェムテック（女性の抱える身体的な悩みをサポートする製品やサービスのこと）やダイエット、身体の不調などを題材にした健康記事も、三十代以降に合わせた内容になっているのが三大誌との違いである。個人的には、犬山紙子の連載がほがらかで親しみやすく、毎号必ず読んでいた。犬山さんは、くまで型電動ヘッドスパを使ったのだろうか。

『美ST』
光文社／二〇〇九年創刊／対象年齢　四十代～五十代
キャッチコピー　一生元気に！　自愛ビューティ

『&ROSY』よりさらに上の年齢層（四十代～五十代）へ向けた美容雑誌が『美ST』だ。私と同年代の女性が読む雑誌でもあり、何かと共感する部分が多かった。かの有名な流行語「美魔女」を考案したのがこちらの雑誌である。いっけんイケイケの編集方針に思えるし、美への飽くなき追求は感じられるが、実際に読んでみると、美容記事、健康記事、共に記事の内容はあくまで堅実。どの記事にも「そうですよね……」とうなずいてしまう。悩みがリアル。読んでいるうちに、つい「共に生きのびよう」という気持ちになってしまった。他の美容雑誌は、美しさへの憧れを抱きつつうっとりと眺めていた私だが、『美ＳＴ』には真剣に向き合うほかない、ただならぬ緊迫感がある。思い入れという点では、もっとも感情移入したのが『美ＳＴ』であり、毎号が記憶に残る内容であった。

美容の記事はどれも切実だ。「首老け」のワードだけで、すべてが伝わる。ああ、つらい。そう、四十代をすぎると首の質感がいかにも中年になってくるのだ。私自身、スキンケアをしていて、化粧水や美容液をあごから首にかけて塗っているとき、しみじみ「首が老けている……」と感じるようになった。きちんとダイエットをして、健康的な食事を心がけているはずなのに、首まわりの肌に生気がない。妙にたるんとしている。私の首は前からこんなだったろうか。また「シワ カモフラメークで真顔も笑顔も自信」の記事も切なかった。真顔が怖いと思われたらどうしよう、という不安はたしかにある。何かの拍子で真顔になって作業しているのを見られたら、相手にどんな印象を与えてしまうだろうと気になってしかたがない。美ＳＴ世代がんばれ、と拳を握ってしまう記事である。

健康に関する記事はさらにシリアスさが増す。「今なら間に合う『一生噛める歯』」(二〇二二年五月号)の特集には、読んでいて「うぐっ」とへんな声が出てしまった。立ちはだかる現実。認めたくはないが、たしかに「何歳まで自分の歯でごはんが食べられるのか」と考える時期が来ているのだ。これは決して笑いごとではなく、なるべく早い時期から考えて対策した方がいい問題である。健康を重視する美容雑誌が、こうした記事を掲載するのは本当に大切なことだし、役に立つものであると思う。ただ、直視するのが少しつらいだけだ。

「一生ボケない脳」(二〇二二年六月号)の記事も同様である。認知症について考えるこの特集では、どうすればボケないかについて「社会的に孤立せず、人のために役立つことをする」と解説され、町のゴミ拾いボランティアをする女性モデルの写真が載っている。迫りくるリアリティ。私はすでに、こうした心配を始めなくてはならない年齢なのだ。美容雑誌を読んで、キレイなメイクと美しい写真でテンションを上げていくつもりが、厳しい現実をつきつけられてしまった。しかし、現実逃避をしてもしかたがない。いま考えるべき問題に向き合うきっかけをくれた『美ST』に感謝である。蛯原友里の言うように「キレイの大前提は健康であること」なのだ。そのためには自分の歯でごはんを食べられた方がいいし、記憶はしっかりしていた方がいい。「ベストＳＳＴコスメ発表」（二〇二二年八月号）の記事では、ＳＳＴの意味がよくわからなかったが、「シミ・シワ・たるみ」の略だった。ＳＳＴというと少し不安がやわらぐような気がするが、たぶん錯覚である。また、自撮り写真の加工アプリで、どのくらいシワを残すかを解説した記事（二〇二二年七月号）にも学びがあった。あまりにすべてのシワを一気に消し去ってしまうと逆に不自然になるため、いかに適度なシワを残すかの手腕が問われるという内容で、思わず読み入ったのだった。連載は、同じく『美ＳＴ』世代のジェーン・スー。安定のおもしろさに、連載の人選としてベストではないかと感じた。他の美容雑誌とは異なる緊張感を持った『美ＳＴ』を、私は愛読している。

『LDK the Beauty』

晋遊舎／二〇一七年創刊／対象年齢　なし
キャッチコピー　世界でただ1つ、コスメを本音で評価する雑誌です。

美容業界の異端児。やっかい者。はぐれ者。まるで映画『シン・ゴジラ』（二〇一六）に出てくる組織「巨災対」のような荒くれ雑誌が『LDK the Beauty（以下LDK）』である。いっさい付録なし。雑誌をめくってみると、広告がひとつも載っていないのに驚く。『LDK』は、市販のコスメ・スキンケア製品を自前の研究施設で実験し、そのテスト結果をもとに「ABC評価」などの基準でシビアにランキングする、本気のレビュー誌なのである。美容雑誌としては非常に特異であり、他誌と並列では語りにくい独自の路線で編集されているのが特徴だ。初めて手にしたとき、こんな美容雑誌があるのかと驚いたものだった。たしかに「世界でただ1つ、コスメを本音で評価する雑誌」だと納得させられる。

すぐれた製品には「超優秀」「ベストバイ」と賛辞を送る一方、テストで結果の出なかった製品には「補正力がなさすぎ」「塗り心地の悪さ」「不快なニオイ」と遠慮のない批判が掲載される。A評価からC評価までポイント制で採点し、すべて製品名を明記した上で一位からビリまで名指しされるのだから、メーカー側としてはたまったものではない。もし自分が化粧品会社で働いていて、開発にたずさわった製品がC評価だったら……と想像すると、冷や汗が出てきそうだ。こんな調子で書いていたら、各所に敵を作ってしまわないかと余計な心配をしてしまう。他の美容雑誌は、写真を楽しむグラビア誌としての側面が大きいが、『LDK』に登場する女性タレントのインタビューは、比較的小さめの扱いである。あくまでレビュー誌であり、売りは比較記事。全ページに記事がぎっしり詰まっており、読みどころしかないのが特徴だ。

他の美容雑誌は、基本的に化粧品会社とのタイアップで成立している。サンプルをつけたり、広告を載せたりすることで誌面が作られるし、いわゆるPR記事も必ずある。当然ながら、製品を悪く言うような記事は存在しない。私はそれを悪いことだとはまったく思わないが、『LDK』のような雑誌が存在するのは、健全さのあらわれではないだろうか。広告をまったく載せない姿勢も、政党助成金を受け取らない共産党みたいな潔癖さがあっておもしろい。美容雑誌における野党が『LDK』だ。

『LDK』の醍醐味は、製品テストの結果、一万円以上する高級化粧水が、七百円の安価な製品に機能面で完敗する、といった番狂わせのドラマかもしれない。価格と機能性がイコールではない場合は意外に多く、そんなテスト結果だったのか！　と興味をそそられる一方、その容赦のなさが『ＬＤＫ』なのだとも思う。「Ｕ１０００美容」（千円以下の製品）といったカテゴリーでプチプラ製品を多く紹介し、安価で気軽に買えるアイテムの評価に長けている傾向がある。そこまでコストをかけずに美容を体験したい初心者の男性にとっては、かなり参考になるのではないか。

とはいえ、美容では「気分」が重要であり、実験結果の勝ち負け以外にも、それを使って気分がよくなるかどうかという観点も欠かせない。パッケージの美しさ、仲のいい友人からすすめてもらった、販売店のＢＡさんが親切だった、そういった複数の要素が合わさって、製品を使った際のよろこびにつながる。製品テストの結果と同じ度合いで、精神的な満足が求められるのだ。「気分」や「精神的な満足」は科学的にジャッジしにくいため、『ＬＤＫ』のランキングだけを絶対視する必要はないように思う。読み物としてのおもしろさは群を抜いており、成分や効能に関する専門的な知識も得られるため、美容に詳しくなりたい方にとってもうってつけの雑誌だ。

『ｕｐ ＰＬＵＳ』※隔月刊
アップマガジン／二〇一八年創刊／対象年齢　二十代
キャッチコピー　easy to become a beauty

二十代の、若い美容初心者をターゲットにした雑誌が『ｕｐ ＰＬＵＳ』である。おしゃれなメイクを覚えて楽しもうという元気のいい誌面作りが特徴の、フレッシュな美容雑誌だ。メイク記事では、必ず写真で解説が入り、どのように製品を使用するか、メイクのハウツーが説明されているのがいちばんのセールスポイントになっている。「全力メイク塾」のような記事は、メイクを覚えたての若い女性が対象の雑誌らしい企画で、そもそもメイクのしかたがわからない読者へ向けて、「このように眉を描く」「ファンデーションはこうして塗る」といった使い方が説明されている。他の雑誌でも多少の解説はあるが、ここまでていねいに教えてくれることはない。女性がどのようにメイクを覚えていくのかは、男性にとっては謎に包まれた世界だが、こうしたハウツー記事を読んでいると、「なるほどそうか」と納得することしきりだ。ひとりでにできるようになったりはしない。練習するのだ。

初心者向けのていねいな写真つきの解説は、スキンケアを始めたばかりの男性読者にとってても参考になるかと考えたが、『ｕｐ ＰＬＵＳ』はメイクが中心で、スキンケア製品の紹介記事はやや少ない。ニキビや肌荒れに関する記事はあるが、年齢的にスキンケアはまだ差し迫った問題ではないのだろう。キャッチコピー「easy to become a beauty」はやや抽象的で、「誰だってキレイになれる」といった意味合いだが、気軽に美容を楽しもうというフットワークの軽さが感じられる。

『ｕｐ ＰＬＵＳ』は、メイクを覚えて、自分の好きな姿に変身できるようになった高揚感が、誌面からあふれてくるような雑誌だ。そこがいい。紹介されている製品も安価なものが多く、身の丈にあった美容を楽しむ雰囲気も親しみやすく感じられる。また、カルチャーページの充実も特筆すべきであり、私が読んでいる七誌のなかでもっとも多彩だった。映画、音楽、舞台、美術館などの情報からは、若い世代に見てほしい文化がていねいに選ばれていて嬉しい。印象派展や、東京国立博物館の空也上人像の展示を紹介したり、ミステリ作家レオ・ブルースの短編集が推薦されていたりと意外なチョイスが光る。なかには、スタンリー・キューブリック作品の映画ポスターを集めたビジュアル本『スタンリー・キューブリック 映画ポスターアーカイヴ』

（DU BOOKS）まで載っており、渋いな！　と声を上げてしまった。

美容雑誌の魅力

こうして美容雑誌七誌を購読し、隅から隅まで読むようになって、数多くの発見があった。こんなにキラキラした何かを毎月のように目にする機会がなかった私は、そのきらめく世界に圧倒されたのであった。私も輝きたい。その方法をつきとめようと、すべての美容雑誌をきわきわの集中力で読み込んだ。思えば私はメイクのコツも、スキンケアの手順も、女性が抱える健康問題も、精神の不調についても、何も知らずに生きてきた。そんな私の世界を広げ、世界を見る解像度を上げてくれた美容雑誌に、感謝の気持ちでいっぱいだ。

まぶしい色彩の世界へ

色と無縁の人生

私は色について、これまでの人生でほとんど何も考えてこなかった。かばんは必ず黒。洋服にしても、黒、グレー、白、ベージュがほとんどで、精一杯チャレンジしたとしても緑か青。それ以外の色を身に着けることなど考えもしなかったし、洋服を買いに行ってもまず目に入らなかった。服装は無難であることがすべてで、私が服を選ぶ基準は「なるべく職務質問されにくいもの」であった。不審者っぽい風貌のせいだろうか、私はわりとよくお巡りさんに呼び止められてしまうのである。服はなるべく襟のついているものを着用するなど、どうすればきちんとした人に見えるかが重要だった。色を楽しむこととはまったく無縁の生き方であったと思う。

自宅のインテリアも当たり障りのない色ばかりだし、美術館へ出かけて絵画の色彩を楽しむといった趣味もない。パワーポイントで何かの資料を作ろうとしても、色の配分がちぐはぐになりがちだ。唯一、色について考えるきっかけがあるとすれば映画だが、独自の色彩感覚で知られるゴダールの作品などを見てもどこか他人事で、アンナ・カリーナの赤いワンピースはステキだと思うものの、こうした色使いを自分の生活に取り入れようとは考えなかった。主張の強い色を服装に取り入れようとすると、周囲からおかしな人だと思われるのではないかとの不安があった。「男性は黒いズボンに白いシャツだ」という固定観念にとらわれていたような気がする。楪図かずおのファッションはまわりを楽しくさせてくれるが、それは彼が才能ある漫画家だからこそ、かろうじて成立しているのではないか。相手に警戒感を抱かせない穏当な服装とは何か、私はそればかりを考えていた。

コスメが好きな女性のSNSや美容雑誌を日常的に眺めるようになって気づいたのは、彼女らがいつも色について考えていることだった。アンバー、プラム、ラベンダー、バーガンディ。あまり耳にしたことのない色の名前の数々。ベージュピンクとモーヴピンクはどう違うのか？　美容を愛する人びとの色彩感覚はとても繊細だ。雑誌のメイク記事を読んでも「顔の下部にいくにつれて色みを引き算していく、グラデーションっぽいワントーン」「透け感のあるボルドーや、赤味のあるブラウンで作る囲み目」といった記述が並び、あまりに高度すぎてついていけない。こんなに複雑な色の組み合わせを考えているのか。差し色、締め色、くすみカラー、冷感カラー。コスメ好きは色に関する感覚が鋭敏なのだ。初めてトーンアップのついた日焼け止めをつけて、肌の色を変えたとき、「自分の顔に色がのっている……」と衝撃を受けつつ鏡を眺めたのを覚えている。

さまざまな色をどのように組み合わせて印象を変えるか、どの色が自分の肌とマッチしているか。そうした話題を、友人どうしで普段から楽しそうに語り合っている女性たちの一面に触れ、自分がこれまで、いかに色について考えないまま生きてきたかを思い知った。なぜ私は色を楽しまずにいたのか。記憶をたどってみると、小さな頃はオレンジ色が好きだった。しかし成長するにつれて、「色に凝るのはみっともない」と感じるようになった。そういえば中学校の頃、持ち物や服装の色に関して妙にうるさい校則がたくさんあったが、無意識のうちに影響を受けてしまったのだろうか。

眉毛をどのように描けばいいか、とある女性に教えてもらっていたときのことだ。私は黒と茶色のペンシルで眉を描いていたが、仕上がりがどうしても不自然になってしまう状態に悩んでいた。「どうすればいいですかね」と訊くと、「オリーブ色とか、別の色を使ってみてはどうでしょう」と言われ、その意外な答えに驚いた。オリーブ。眉をオリーブ色で描き足すという発想が、どうがんばっても出てこない。その答えがとっさに浮かぶ色彩感覚の豊かさがすごいと思った。私の場合、小学校の図工で使ったぺんてる絵の具の十二色以外、ぱっと思いつく色がない。六歳の頃から、色に関する知識がまったく更新されていないのだ。コスメ好きの女性と話すたびに、自分の色彩感覚の貧弱さが情けなくなるのであった。

黒ずくめのサラリーマンたち

そんなことを考えていたある日。通勤途中の駅の階段を下りながら、同じように歩いている朝のサラリーマンの姿を見てはたと気づいた。黒ずくめの集団が歩いている。黒いコート、黒いかばん、黒い革靴、黒いズボン。黒、黒、黒……。サラリーマンってこんなに黒い服装していたのだろうか？　毎日見ていたはずの風景なのに、いままで疑問に思ったことがなかった。世の中には数え切れないほどの色が存在するにもかかわらず、なぜこんなに黒だけを身に着けなくてはならないのか。そして私自身も同じように、上から下まで黒一色であった。シャツの白以外、全身が真っ黒。

サラリーマン男性は、あるいは心の奥底ではカラフルな服装をしたいと思っていて、そんな自分を必死に抑えているのだろうか。あるいはただ、色について何も考えていないだけなのか。家に帰って、持っている洋服を調べてみると、黒い服の多さに悲しくなった。もう黒はいいだろう、と私は思った。もうちょっと違う色の服を着たっていいじゃないか。これまで何十年も疑問に思わなかった「黒い服」が、とたんに強烈な違和感となって私を襲った。なんでこんなに黒。これもまた、スキンケアを始め、美容に興味を持った結果であった。

唐突ではあるが、さかなクンについて考えてみてほしい。あのハコフグ帽の鮮やかな青と黄色のコンビネーション。差し色に赤のネクタイ、さらには色とりどりの魚のイラストが描かれた白衣を着たさかなクンは、愛する魚の世界を自由に追い求めるカラフルな存在だ。さまざまな色を身にまとうことを怖れないさかなクンに、私は憧れを抱くようになっていた。彼のハコフグ帽は、彼の目にする世界がさまざまな色であふれていることの象徴でもある。そういえば、さかなクンの自伝を映画化した『さかなのこ』(二〇二二)でも、主人公ミー坊(のん)は、友人の子どもへ渡すプレゼントに30色のパステルのセットを選んでいた。子どもを色彩の世界へいざなう、そのチョイスに胸を打たれた私である。彼は「色彩の人」なのではないか。一方、私の人生には色がない。私もさかなクンのように、色を愛する人間になりたい。もう黒ずくめの中年男性のままではいたくないのである。よし、私も生活に色を取り入れよう。

さっそく変身だと意気込んではみたが、いきなり赤い服を着るのは抵抗があった。着る服の色を急に変えようとしても、なかなか実行には移せない。それでも「あらゆる色が選択肢のひとつなのだ」と思うだけで、物事はがらっと変わって見えてくるから不思議だ。洋服やかばんを見に行ったとき、買う買わないは別として、どの色を選んでもいいと思うだけで、買い物が一気に楽しくなった。ピンク色のセーターでも、黄色いダウンジャケットでも、それを身に着けた自分を想像したり、実際に手に取って確かめたりできる。これまで、そのような色の洋服は視界に入ってすらいなかった。

まずもってあり得ない選択肢であり、見るまでもなく除外されていたのだった。いまは違う。どんな色だって身に着けるかもしれない、という無限の選択肢のなかで洋服を選んでいる。目から鱗が落ちるようだった。色の制約から解き放たれ、身に着けるものを選ぶのがとても楽しくなったのだ。

ステキな香りと心地よい感触

香りを楽しむ

私が美容を通じて発見したのは「色」だけではなかった。「香り」もまた、美容を経験しなければ発見できなかった要素である。私は香りを楽しむという考え方を持っていなかった。多くのスキンケア製品には香りがついている。顔面に塗ったときに広がる、心地よい香り。そのような楽しみを知らなかった私は、自分の日常生活に香りという新しい要素が入り込んできたことに驚いていた。私はいま、とても心地よい香りがする何かを顔に塗っている！

周囲から「臭い」と思われる不安が、中年男性にはある。そのため毎朝、家を出る前に玄関先で消臭剤を全身にふりかけるのが私の習慣だった。消臭剤の在庫切れを防ぐため、家には大量の詰め替え用の予備がストックしてあり、いつでも補充可能。物干しから取り込んだ洋服には、まず消臭剤をシュシュッと吹きかけて匂いを取り除く。これまで私は「無臭」を目指していた。SNSで「この世でいちばん臭いのは、中年男性の耳の後ろから発せられる匂い」という投稿を読んで以来、自分が「この世でいちばん臭い匂い」を発していたらどうしようと不安にとらわれていたのだった。そんなおぞましい悪臭の発生源になってしまったら、とても生きていけない。日々、両方の耳の後ろを除菌ウェットティッシュでていねいに拭いて汚れを取る作業は欠かせなかった。

これはおそらく多くの男性に共通すると思うのだが、理想的なのは「何の匂いもしない状態」なのではないか。いい香りも、悪臭もしない、まったく何の匂いもない存在になること。下手に冒険をして「臭い人」「妙な匂いをさせている人」とマイナス評価になってしまうのであれば、無臭の方がずっといいではないか。

普段からこの調子だから、香りを楽しむなどといった考えにはとても至らない。おのずと香りとは無縁の生活になる。日常生活で香りを楽しむ瞬間といえば、たとえば飲食店に入り、注文した料理を待ちながら「何かをごま油で炒めるいい匂いがするな」と思うときや、秋口に金木犀《きんもくせい》の香りで季節を感じることくらいだろうか。当然ながら好きな香りといったものもない。私は香りに対して非常に防御的なのであった。

コスメ好きの方と話すと「香水に興味はありますか」「好きな香りのスキンケア製品は何ですか」といった話題になる。高宮さんは香水が好きで、お気に入りのブランドを教えてくれた。ひとつ二万円といった高価な香水だが、本当に美しいデザインの瓶に入っていて、それ自体がひとつの作品のように愛らしい。高宮さんは香水の瓶を集めて並べると幸せな気持ちになると話していたが、その気持ちがわかるような気がした。訊くと、雨の日に傘の内側へ香水をシュッとひと吹きして、好きな香りに包まれながら歩くのが好きなのだそうだ。何とぜいたくな使い方だろうか。自分の生活を少しだけ豊かにするエッセンスとしての香水。

一方、私は香水をどこか「惚れ薬」のように考えている情けない部分があり、香水をつける行為に異性へのアピールが結びついてしまう。香水をつけている男性を見ると「おい、姑息《こそく》な手段でモテようとしているな」と反発する、中学生の発想がなくならないのである。ああ、書いていて恥ずかしい。この傾向はどうやら世界共通であるようで、米コメディ映画『俺たちニュースキャスター』(二〇〇四)では、とっておきの香水(コロン)で女性を誘惑しようと目論む登場人物が、瓶を開けて香水をつけてはみたものの、あまりに激烈な悪臭で人びとが建物から避難するパニックを起こしてしまうシーンがあった。このくだりは、香りに対する男性の憧れと不安の二面性を示していると思う。もっと気軽に香りを楽しめればいいのだが、どうすればいいのか私にはわからなかった。

香りを楽しむには香水を使うしかないと思い込んでいたが、それ以外にもいろいろな製品が出ている。リキッド、ボディローション、ボディクリーム、オイルなど、選択肢は豊富だ。オイルやクリームなら、そこまで身構えずに普段使いできるかもしれない。試してみると、思ったよりずっとよかった。お風呂上がり、ボディクリームを塗ってから布団に入ると、さわやかな柑橘系の香りに包まれながら眠ることができる。翌朝になればほとんど消えてしまうし、自分以外の誰にも気づかれないが、それでいいのである。日常的にボディクリームを使うようになって、香りについての考え方が変わった。肌もなめらかになるし、冬場の保湿もできるなどプラス面が多い。まず何より自分を気持ちよくするためのツールとして、香りを楽しむことができるようになったのだ。

スキンケア製品でいえば、値の張るものを買うと、驚くほどいい香りがついていることが多い。ここに値段の差があるのかと納得してしまった。安価なスキンケア製品といえども質は高く、使い心地はすぐれたものが多いが、無臭だったり、そこまで印象的な香りがついていない場合がほとんどだ。思い切って高価な製品を選んでみると、うっとりとするような香りが味わえる。めくるめく香りの世界に、私は夢中になった。

感触（テクスチャー）に目覚める

美容業界でもっとも頻繁に使われる専門用語は「テクスチャー」（質感、手触り、感触）だと前に述べた。どのような肌触りか、手に触れたときにどんな感覚があるか。洗顔ひとつとっても、フォーム、泡、石鹸、パウダー、オイル、ジェルなど無数の手触りが準備されている。こんなにたくさんの感触から好きなものを選べるというのも驚きなのだが、そもそも私は色や香りと同様に、手触りというものに無頓着であった。それがもっともよくあらわれているのは、洋服の素材に対する関心のなさだったと思う。洋服にはさまざまな素材があるが、私はそうした差をほとんど意識してこなかった。ツイード、シルク、モヘア、オーガンジー、カシミア、コーデュロイ、毛皮（ファー）……。素材や生地の感触を楽しむ服装だってあったはずだが、「この素材を使った服を着たい」という観点から洋服を選んだ経験があまりない。ただ、目に止まった服を、何も確認せずに買っていただけだ。これまで疑問も持たずにいたが、もう少し素材を楽しんでもいいのではないか。

色について考えを変えた私は、黒い革靴から脱却し、カラフルなスニーカーを少しずつ試していった。色のついた靴を履くと、それだけで気分がよくなるので、新しいスニーカーを買うのが楽しくてしかたがない。調べていくなかで知ったのは、最近のスニーカーには素材に凝った製品が多いことだった。ハラコ、ベルベット、ヘンプ（麻）、スエードなど、「こんな素材でスニーカーを作るのか」と意外に思うような生地が使われている。スニーカーなどしばらく履いていなかったが、色と素材で遊べる、自由度の高いアイテムが揃っていると気がついて、一気にハマってしまった。これも自分のなかでは大きな変化だったように思う。

色、香り、感触。考えてみれば、私はいろいろな感覚を封印してしまっていた。どれも、日々の生活を楽しく、心地よくしてくれる要素だったのに。色にこだわるのはみっともない。香りに凝るのはモテようとしている証拠。感触などいちいち気にする必要はない。そんな思い込みを取り外してみると、普段の生活を豊かにしてくれるきっかけは数多くあるような気がした。香りや感触を意識するだけで、日常生活はうるおいを増したのだった。

新しい自分

私を導いてくれた人たち

「伊藤さん、お肌キレイになったんじゃないですか」と、友人の佐々木さんは言った。

「スキンケアの成果が出ているというか」

スキンケアを始めてから、・年以上が経過していた。

佐々木さんにほめられ、反射的に「全然キレイじゃないです」と答えそうになる自分をぐっと抑え込んで、「まあね〜」と私は答えた。ほめられたら謙遜しない。これは、ぼる塾の田辺智加から学んだことだった。心に余裕を持って、相手の言葉を受け止める。ほめられるのが苦手な人は多く、少しでも相手が自分をほめそうになると「いやいや私なんぞ！」と先制して自虐を始めてしまう場面もよく見かける。しかし、せっかく相手が自分のいい部分を伝えてくれているのだから、素直にその賛辞を受け取りたいと思った。

「習慣になったから、前とくらべると肌がよくなってると思いますね」

「話すたびにスキンケア詳しくなっていて、伊藤さんハマってるのかなと思って見てました」

「佐々木さんに教わってスキンケア覚えたし、オススメのdプロも毎日使ってます」

「いいですねえ」と佐々木さんは答えてくれた。

思えば佐々木さんは、私がどれほどスキンケアに夢中になっても、それを笑ったりからかったりしない人だった。こうした仲間がいたおかげで、私は美容の世界に親しむことができたのだと思う。

美容の先輩、吉井さんから教わる内容は、スキンケアだけではなく、基礎的なメイクに発展していた。「肌をキレイに見せるなら、ベースメイクだけでも取り入れてみると、かなり違いますよ」という教えに沿って始めたところ、すっかり楽しくなってしまったのだ。私は毎朝、下地で肌をトーンアップさせてから出勤する中年男性へと変身していた。とはいえ、何もわかっていない初心者である。ある日、吉井さんに眉の整え方を教えてもらっていたとき。「まずは眉をブラシで梳《と》かして……」と説明された私は、その言葉に衝撃を受けていた。

「すいません、眉って梳かすんですか」と私は訊いた。

「梳かしますよ、眉」

生まれてこの方、眉を梳かしたことなど一度もなかった。私にとって眉毛とは、目の上に何か知らないけど生えている毛であり、あまり伸びすぎると村山元首相みたいになるから、しかたなくハサミで切っておくものだった。こんな中年男性に、根気よく美容を教えてくれた吉井さんに感謝である。

「まずは眉毛を梳かして、毛流れを作るんです」

「毛流れ。初めて聞きました」

「眉メイクのモデルの写真を見てほしいんですけど、眉毛っていろんな方向に生えていて、立ち上がっていたり、横になでつけられていたり、動きがついてますよね。その動きをバランスよく整えると、キレイに見えるんですよ」

私は写真を見ながら、その美しい眉に感動していた。

「あーなるほど、これが毛流れですか。キレイですね」

そして私は、生まれてこの方一度も梳かしたことのなかった眉毛に、初めてのブラシを入れた。吉井さんに教えてもらわなければ、一度も眉を梳かさないまま人生を終えるところであった。


「スキンケアとコスメはモードが違うんですよね」と高宮さんは教えてくれた。「それぞれ、別のモードに切り替えてる感じがあります。スキンケアは自分を休ませたり、保護している感覚だけど、コスメの場合は洋服や髪と合わせて、休みの日どんな風にオシャレしようって考えるような楽しさですね」

こうした説明を聞くのが、私にとっては発見の連続だった。洋服とコスメが近い位置にある、というのも自分では考えつかない視点だったし、解説をしてもらわないと理解できないことも多かった。高宮さんと話すと、日曜洋画劇場の前に、淀川長治が映画の短い解説をしてくれるような楽しさがある。どんな風に美容を楽しめばいいか、私はそのほとんどを高宮さんから教わったような気がする。

「私はカウンターでコスメを買うのが好きです」と高宮さんは言う。

「お店に行くと、どう違うんですか」

「ネットで選ぶのとは違って、お店に行ってBAさんと話して、自分のメイクの悩みを伝えると、相談にも乗ってもらえるし、その場ですすめられる製品がすごくよかったりするんです。そこで知らなかったアイテムを試すと、もっとキレイなメイクができるようになったりとか」

美容やファッションに対してポジティブで、新しいアイテムを探しに行ったり、試したりするのが好きな高宮さんは、つい先日もアニエス・ベーのジャケットやディオールのスカーフを衝動買いしてしまい、来月のカード請求額に怯えていた。しかし、キレイなコスメや美しいデザインの洋服にお金を使うなんて、これ以上楽しい使い道はない。

「高宮さんがコスメを買うのを見てると、何かこっちまで元気出るんですよね」と私は言った。私はその感受性の豊かさに惹かれているのだ。

社会は右利きのために作られている

見知らぬ世界を経験することを、英語では「ウサギ穴に落ちる」と表現する（由来は『不思議の国のアリス』だ）。私にとってのスキンケアは、まさしくウサギ穴に落ちるような発見の連続だった。きっかけは小さなことであっても、もうそれ以前の視点には戻れなくなるようなできごとが、誰にでも何度かはあると思う。

例を挙げれば、以前に左利きの知人から「社会は右利きのために作られている」という話を聞いて、とても驚いたことがあった。知人によると、世の中のたいていの道具、機器、設備のたぐいは、右利きの人が使用したときにもっとも簡便になるよう設計されているというのだ。言われてみて初めて、なるほどと納得したのを覚えている。私はこの話を聞かせてもらうまで、自分が「右利きである」というだけで、あらゆる場面でラクをさせてもらっている事実に思い当たらなかった。

たとえば駅の改札。カードをかざすのは必ず右側だ。あの読み取り部が左側にあったら、右利きの人はずいぶんめんどうだろう。電子レンジのボタン類も右側に集中しているし、自動販売機の硬貨投入口も右側だ。こうして例を挙げていけばきりがない。

左利きで缶切りを使うのはとても難しそうだし、左利きの人が体温計を使ったら、右の脇から取り出した体温の数字は上下が逆さまになっている。

私は生まれてこの方、右利きであるというだけでさまざまな簡便さを享受してきた。そして、そのことがまったく見えていなかった。改札を通る際に「右利きに合わせてくれている。ありがたいことだ。左利きの方に申し訳ない」などと考えた経験は一度もなく、それが当たり前だと思い、現状に何の疑問も抱かないまま暮らしてきたのである。利き手に関してはマジョリティである自分が見ていた社会は、とても限られたものだとそのとき理解した。

スキンケアをすることで、私は幸運にも「ウサギ穴に落ちる」経験ができた。偶然ウサギ穴に落ちた中年男性である私は、スキンケアを通じてまったく知らなかった世界を見て、自分のあり方が大きく変わったように思う。美容が見せてくれた世界は、意外性に満ちており楽しかった。

スキンケアを始めて驚いたことはたくさんあるが、私がもっともびっくりしたのは、スキンケア製品は使うとなくなってしまうことだった。これまで私は、本やレコード、DVD、楽器といった趣味にお金を使ってきた。趣味で買ったモノは、一度入手すればなくならないと思っていたし、ただ増えていく一方だったので、スキンケア製品を使い切ったとき、「あっ、これってなくなるんだ」と気づいて、しばらく唖然としたのを覚えている。趣味の分野で同じものを買い足した経験がなく、「減る」というのが感覚的になかなか理解できなかった。

コスメやスキンケア製品は、使うとなくなる。この衝撃の事実。こんなに大好きな化粧水が、どんどん減っていき、最後には容器が空になってしまう。まるで読み終わった本が消えてなくなるような悲しさがあった。そうなれば、もう一度お店へ買いに行かなければならないし、そのためには働いてお金を稼がなくてはいけない。お気に入りの化粧水をまた買いに行くためにがんばって働こうと、私は思った。

「気分よくすごすこと」のお手本

最後にもうひとつ、つけくわえたい。普段よく行く喫茶店で、ケーキを作っていた女性からこのような話を聞いた。彼女は独立して自分の店を持ったのだが、いまの職場を離れてから自分の店を開店させるまで、数ヶ月の準備期間があり、しばらく調理の仕事から離れていたという。その自由な数ヶ月のあいだに彼女がしたかったのは、爪を伸ばしてネイルのおしゃれを楽しむことだった。調理という職業柄、なかなか爪を伸ばせなかった女性が、ほんの数ヶ月だけ許された時間のなかで、カラフルなネイルを楽しんでいる。キレイな色で整えられた爪を見せてもらいながら、私は「すごくいいな……」と胸を打たれたのだった。美容を始めたいま、私は彼女の気持ちがよくわかる。

「調理をするときは爪も短くしていないといけないから、爪を伸ばすのも本当にひさしぶりで、手を見るとそれだけで嬉しいんですよね。まあ、自分のお店が始まったら元に戻っちゃうんですけど」

そう話す女性にうなずきながら、美容の楽しみとは、つまりこういうことなのではないだろうかと私は気づいた。美容のよろこびは、そこまで大げさなものではないが、だからこそ心を豊かにする。ああ、美容っていいな。心からそう思った。洗濯や掃除をすればネイルはすぐに剥がれてしまうし、それなりの手間もかかる。しかし、爪がキレイな色で彩られているというだけで気持ちが弾み、日々の満足につながっている女性がたくさんいるのだ。そうすると気分がいいから、自分のために爪をキレイにする。そんな風に気分よくすごす方法を、私はずっと知らなかった。スキンケアを通じて、日々を機嫌よく暮らすためのちょっとしたアイデアが、読んでいる方にも伝わればいいと思う。

おわりに

本書が世に出るきっかけとなったのは、TBSラジオの『アフター6ジャンクション』という番組でした。映画や書籍、音楽といったカルチャーを積極的に取り上げる同番組で、二〇二二年一月に放送された「男のためのスキンケア 超初心者講座」という特集を企画していただき、スキンケアの話をさせてもらったことから、この本の企画が生まれました。

スキンケアという切り口をおもしろがってくれた構成作家の古川耕さん、ディレクターの守安弘典さん、プロデューサーの橋本吉史さん。そして、いつもていねいに話を拾ってくれるパーソナリティの宇多丸さんと、美容に詳しい立場から進行をフォローしてくださった宇垣美里さん。こうした方々の支えで楽しい内容の放送になり、さらには番組を聴いた出版社の方から声をかけてもらい、書籍化されるといった流れにつながりました。まずは、番組スタッフの方々に感謝の気持ちを伝えたいと思います。

さらには、同じく番組を聴いていた雑誌『Ｐｅｎ』の編集者、開發祐介《かいはつ》さんに声がけしてもらい、初めての雑誌連載を経験させてもらうなど、スキンケアをきっかけとして、ライターとしてさまざまな機会をいただけたことを、とてもありがたく感じています。それほどに『アフター６ジャンクション』は聴き手を惹きつける番組なのだと思います。

スキンケアを始めていちばんよかったのは、新しい仲間ができたことなのですが、この本に登場した人たちだけではなく、私が主催している「おしゃべり会」を通じて、書ききれないほどたくさんの方と交流がふえたことにも感謝しております。また、連日ノートパソコンを持ち込んで、この本のほとんどを書いたと言っていい下北沢の喫茶店「ジ・ユージュアル」のお三方、きゃしーさん、ほしＰさん、あーちゃんさんにも、お礼を言いたく思います。原稿を書くだけではなく、編集者さんとの打ち合わせも必ずこのお店でした。

そしてもちろん、この本の編集者である野崎真鳥さんにも、こうした企画を提案いただけたことに感謝しております。的確な指摘によって、本の方向性が見つかりました。ありがとうございました。

最後に、私は文章を書くことに関して、師と呼べるような存在はいないのですが、唯一、いつも心のどこかで意識している方がいます。二〇一二年にお亡くなりになってしまった、エディターの川勝正幸さんです。「川勝さんならどう書くだろうか？」ということを、いまでもずっと頭のなかでシミュレーションしているようなところが、私にはあります。

この本を書くときも川勝さんのことを考えていたのですが、「この本を川勝さんのために書いた」などと伝えると、ご本人は照れてしまうような気がするので、本書の四〇パーセントを川勝正幸さんに捧げます。

伊藤　聡

伊藤 聡　いとう そう
1971年福島県生まれ。会社員兼ライター。映画や海外文学を主な題材に、BLOGOS、Real Sound、Qeticなどに寄稿。著書に『生きる技術は名作に学べ』（ソフトバンク新書）。雑誌『Pen』でスキンケアと美容をテーマにした「グルーミング研究所」を連載中。

電車の窓に映った自分が死んだ父に見えた日、
スキンケアはじめました。

2023年2月22日　初版第1刷発行

著　　者　伊藤 聡
発 行 者　下中美都
発 行 所　株式会社平凡社
〒101-0051 東京都千代田区神田神保町 3-29
電話 03-3230-6593［編集］
03-3230-6573［営業］

デザイン　坂川朱音（朱猫堂）
イラスト　高橋将貴

印　　刷　株式会社東京印書館
製　　本　大口製本印刷株式会社

ISBN978-4-582-83917-3
平凡社ホームページ https://www.heibonsha.co.jp/
落丁・乱丁本のお取り替えは小社読者サービス係まで直接お送りください（送料は小社で負担いたします）。